LA CLASE

GUSTAVO ZAGREBELSKY

LA CLASE

Discurso

EDICIONES RIALP
MADRID

Título original: *La lezione. Discorso*

© 2022 Gustavo Zagrebelsky
© 2024 de la edición española traducida por Fidel Villegas
    by EDICIONES RIALP, S.A.
    Manuel Uribe 13-15, 28033, Madrid
    (www.rialp.com)

Preimpresión: www.produccioneditorial.com

ISBN (edición impresa): 978-84-321-6808-6
ISBN (edición digital): 978-84-321-6809-3
ISBN (edición bajo demanda): 978-84-321-6810-9
ISNI: 0000 0001 0725 313X
Depósito legal: M-14755-2024

Impreso en España   *Printed in Spain*
                    Anzos, S. L. - Fuenlabrada (Madrid)

ÍNDICE

1.
LA CASA DE LAS PALABRAS

Etimologías

La etimología es una excelente puerta de entrada a ese mundo de palabras desgastadas, debilitadas por el uso. Recurramos a ella, pues, para reencontrarnos con el sentido original y auténtico de la palabra que ahora nos interesa: *lezione* [clase][1]. Los términos *lectio*, *legere*, proceden del griego *légein*, palabra cargada de densos significados que se entrecruzan e iluminan recíprocamente en una constelación llena de sorpresas. Antes que a "lectura", que solo es

---

[1] El término italiano "lezione" equivale en español a "clase", en su acepción de «Lección que explica el profesor a sus alumnos». (N. del T.).

uno de sus significados, *légein* alude a la acción de recoger, de reunir, de juntar; pero no de cualquier modo, sino seleccionando, escogiendo, como hacen los co-*leccionistas*, los que componen si-*logismos*, anto-*logías* de escritos o dichos célebres, flori-*legios* o, incluso, *loga*-ritmos.

Participar en una conversación, asistir a un mitin o a un discurso en el Parlamento; escuchar un anuncio o un telediario; estar atentos a una lectura en voz alta de las páginas de una novela, de un libro de texto del que hemos de examinarnos o, incluso, de una tertulia radiofónica o televisiva: nada de esto es "asistir a una clase", aunque haya alguien que esté "leyendo".

¿Qué es lo que se recoge y se reúne? En primer lugar, se reúne un grupo de personas alrededor de alguien que ejerce una función magisterial. Una "clase" es una convocatoria en torno al saber, al conocimiento. Las palabras que allí se pronuncian no se dirigen a nadie en particular, sino a un auditorio, mientras que las que se dicen cara a cara son otra cosa: un relato, una advertencia, una orden, una confesión, una repetición, una conversación, una discusión... En la célebre "Escuela de Atenas" de Rafael, en los Museos Vaticanos, los filósofos están conversando, pero ni dan ni asisten a una clase: simplemente conversan y discuten, y si queremos llamar "escuela" a esta conversación o discusión ha de ser a condición de no pensar que Platón, Aristóteles y los demás filósofos se dan clase unos a otros. Cuando se imparte una clase está implícito el carácter público de las palabras, que se dirigen a quienes "se reúnen" para asistir precisamente a *aquella* clase que imparte *una* persona determinada, no cualquiera que se presente como profesor. Una confidencia, una denuncia, una calumnia, las palabras que se oyen accidentalmente de alguien que pasaba, no son una clase en modo alguno.

La clase tiene carácter público, no es una reunión de carbonarios o de masones, aunque se desarrolle en un lugar específico y apartado, al que expresamente se accede después de haberlo considerado. En general, cualquiera que estuviera interesado debería poder entrar allí sin restricciones de ningún tipo. Es lo que ocurre en las clases universitarias, a las que se puede asistir, aunque esto ocurra pocas veces, solo por el interés de escuchar a un importante y elocuente profesor. No debería haber clases impartidas "a puerta cerrada". Es de la mayor importancia que, en la medida de lo posible, lo que acontece en la escuela tenga carácter *público*. No obstante, cuando se trata de un curso cuya finalidad es que, tras un examen, se pueda obtener un título, o cuando es preceptiva la asistencia (como ocurre en la "enseñanza obligatoria"), es necesario por motivos organizativos formalizar una inscripción y ser admitido. La idea de fondo, que responde a su auténtico valor, es que no existe ningún motivo intrínseco a la propia clase que prohíba participar a cualquiera que esté interesado. La instrucción y la cultura no se pueden encerrar tras un muro, no pueden —no *deben*— impartirse "a puerta cerrada".

Se empieza "guardando silencio". En muchas ocasiones, las primeras palabras que se pronuncian y se escuchan son: "¡Silencio, por favor!". Y uno no se pregunta si se trata de que se pueda escuchar la voz del que habla, o si más bien se significa la exigencia profunda de crear un espacio espiritual adecuado: abierto, aireado, pero también al resguardo del parloteo y del griterío de la vida cotidiana. Un espacio que concierne por igual a los estudiantes y a los profesores, de modo que ese "¡guarden silencio!" debería ser más propiamente "guardemos silencio" para poder escuchar, para poder escucharnos unos a otros. Bien sabía Mario Lodi[2] lo importante que es esto.

Este espacio, que denominamos "aula", no es un lugar material cualquiera, rodeado por cuatro paredes grises y silenciosas. Es un lugar del espíritu, en el que corre la brisa creativa de la libertad. Una etimología del vocablo "aula" nos conduce a *aulòs*[3]: el aire que vibra en las ondas sonoras de la flauta y estimula el sistema nervioso. "Hablar para las paredes" es la triste y humillante parodia de la clase; una parodia que, ciertamente, conocemos bien por haberla provocado o sufrido alguna vez. Aunque estamos seguros de que también todos los profesores

---

[2] Mario Lodi (1922-2014). Destacado pedagogo y escritor italiano, fue uno de los fundadores en los años 50 del pasado siglo del "Movimento di Cooperazione Educativa", que promueve un sistema escolar fundamentado en la libertad expresiva, la creatividad del alumnado y la participación de todos los implicados en el sistema educativo (N. del T.).

[3] El *aulòs* (flauta u oboe doble) es un antiguo instrumento musical de viento en la antigua Grecia. Se atribuía su invención a Atenea (N. del T.).

conocen, por haberlo felizmente experimentado, la sutil inquietud y la hermosa excitación de entrar "en el aula". Es una sensación que siempre está ahí, pero de manera especial en el primer encuentro con aquella "clase" que se les ha confiado para el curso académico que comienza. También nosotros, por mucho tiempo que haya transcurrido desde que éramos estudiantes, podemos evocar el sentimiento recíproco, la curiosidad y la expectación al conocer a nuestros profesores. Si la clase está viva, la sorpresa, que es el antídoto contra el aburrimiento, siempre está al acecho.

¿Son quizás unas etimologías temerarias? Puede que sí, pero nos ayudan a pensar. En el fondo, recurrimos a las raíces, sean verídicas o simples conjeturas, como a menudo lo son las reconstrucciones filológicas, precisamente por esto: porque nos sugieren ideas y reflexiones útiles a quienes deseamos buscar y dar un sentido actual a las palabras que usamos.

La casa de las palabras

En el aula se pronuncian y se escuchan palabras. La clase consigue su propósito por medio de las palabras. Algunos lenguajes no se expresan con ellas, sino, por ejemplo, mediante imágenes, sonidos o movimientos. Se trata de lenguajes que pueden acompañar, preceder y enriquecer, pero no "sustituir" a las palabras. Si no hay palabras, si nos hemos quedado "sin palabras", es posible que haya emociones, iluminaciones y sensaciones que experimentamos en la concentración interior y en la impresión de un instante, pero para "hacer escuela" es imprescindible que sean expresadas mediante las palabras. Las palabras dan existencia y estabilidad a las cosas. Sin ellas, la realidad —sea física o metafísica, material o inmaterial— no se puede asir y retener, es decir, hacerse propia.

Pongamos un ejemplo: el tan poderosamente alusivo y simbólico retrato de la muchachita afroamericana Ruby Bridges[4], realizado en 1964 por Norman Rockwell, el célebre ilustrador de la sociedad estadounidense. Su título es

_____

[4] El 14 de noviembre de 1960, Ruby Bridges, una niña de seis años, se convirtió en la primera estudiante afroamericana que se matriculó en una escuela para blancos. Ese día tuvo que ser escoltada y protegida por agentes federales. La pintura de Rockwell está considerada como un icono del "Movimiento por los derechos civiles" en Estados Unidos (N. del T.).

El problema con el que todos vivimos, y aparece en la cubierta de un libro destinado a la formación de los niños. Si nosotros no poseyéramos palabras como "escuela", "segregación", "racismo", "derechos civiles", "negro" (*nigger* en lugar de *black*[5]), "guardia federal", "federación", "América", "Corte Suprema" o, incluso, "tomate"; si no poseyéramos estas palabras, la imagen permanecería completamente muda. Solo empieza a hablarnos, a explicarnos muchas cosas sobre la lucha por la integración racial en las escuelas de los años 50 del siglo pasado y, por contraste, de la intolerancia del siglo actual, si somos poseedores de estas palabras. De lo contrario, lo único que tendríamos sería la escena —un tanto incongruente— de una niña negra vestida de blanco, que camina muy derecha con un libro y una regla en la mano, escoltada por cuatro hombres blancos, vestidos de gris y con un aspecto aparatosamente marcial. Solo si nos fijamos mejor se observa en la pared del fondo la palabra "NIGGER" un poco difuminada, y las salpicaduras color rojo sangre de un tomate que

---

[5] *Nigger* es un término ofensivo para referirse a las personas de raza negra (N. del T.).

han arrojado contra ella. Toda una lección, por así "decirlo".

Esto —el valor de las palabras— podría ser un buen asunto para tratar a lo largo de un curso completo. La filosofía se pregunta si las palabras no fueran quizás simples "sonidos" (*phonè*) que comunican un significado asignado convencionalmente, por tradición, de modo que una palabra vale tanto como otra: bastaría ponerse de acuerdo y usarlas insistentemente hasta que el significado se haga definitivo; o si, más bien, son las cosas, las cosas concretas o las ideas de las cosas, las que «quieren adueñarse de su propio nombre para siempre», y en ese caso las palabras exigen que se las respete, como afirmaba Sócrates, para permitir un «diálogo sincero» (*lògos*) entre los seres humanos. Serían así las palabras como un puente que une a "quien habla" con "lo hablado", es decir, como un punto de encuentro entre el sujeto y el objeto, sin el que seríamos como una pluma que se mece en el vacío del solipsismo.

Pero sin necesidad de aventurarnos en el extraño mundo de la filosofía del lenguaje y de la lingüística, con los pies firmemente asentados en el suelo de nuestra experiencia, podemos aceptar sin problema esa última afirmación respecto, precisamente, a la clase: sin palabras, una clase no es nada. Al nombrar las cosas del mundo exterior las hacemos, en cierto sentido, vivir en nuestro mundo interior; las palabras dan existencia y nos permiten pensar el mundo en nosotros y a nosotros mismos en el mundo. *Cogito ergo sum*: la célebre sentencia cartesiana debería ser completada: *verba teneo, ergo cogito*; y entonces, por propiedad transitiva, *verba teneo, ergo sum*.

LOS NOMBRES DE LAS COSAS

La casa de las palabras también podría llamarse la casa donde una y otra vez se pone nombre a las cosas. La clase es un momento mágico, en el sentido de que en ella "se está a punto" de decir algo. ¿Se puede crear con las palabras? Sí, efectivamente, pero solo si con ellas se pone un nombre. Cuando descubres una estrella, le pones un nombre; si no lo haces, nadie podría encontrarla y sería necesario descubrirla de nuevo; y, si entonces tampoco se le diera, volvería a esfumarse. Al nacer un niño, lo primero que se hace en todas las sociedades humanas es ponerle un nombre. Así le damos vida, lo acogemos. No es de extrañar que muchas constituciones, en el capítulo de los derechos fundamentales (art. 22 de la Constitución italiana), incluyan el "derecho al nombre", al nombre propio de cada uno: un derecho tan fundamental, que parece obvio; tan natural, que los comentaristas, que apenas dedican una línea a recordarlo, no dicen nada para explicarlo y señalar su importancia. Cuando —por los motivos que sea— un niño nace y muere sin nombre, su vida se disuelve en la nada, cae en el olvido: se podrá recordar el dolor de que se extinguiera una luz justo en el momento en que se iba a encender, pero su identidad se desvanecerá inmediatamente en el vacío.

En una manada, en un rebaño, en la multitud, no hay nombres. Cuando a un niño le regalan un gatito, un perro o una muñeca de trapo, enseguida se pregunta: ¿Cómo voy a llamarlo? Y le pone un nombre, pronuncia la palabra que le corresponde y lo salva del anonimato; lo incorpora a su propio mundo, que de esta forma queda enriquecido. En los sueños "vemos" cosas, pero si no anotamos inmediatamente lo que hemos soñado, desde el instante del despertar comienza a desvanecerse y acaba desapareciendo. Eso fue lo que hizo Giuseppe Tartini con su *Trino del diablo*: en cuanto salió del sueño anotó, aunque de modo aún imperfecto, la música que el demonio había tocado para él mientras dormía.

La creación del mundo, dice la Biblia, fue hecha con palabras pronunciadas por Dios. Lo mismo ocurre con nosotros: creamos poniendo nombres. Sin embargo, mientras que, según la Biblia, Dios creó el mundo fuera de él y luego se retiró, dejando que viviera su propia vida, nosotros creamos un mundo que está en nosotros, es para nosotros y no podemos desentendernos de él. En el fondo, esta es la gran diferencia; nosotros, criaturas, siempre estamos con nosotros mismos, siempre estamos con nuestras propias palabras. Estar "fuera de sí" significa estar sin palabras, y eso es algo enfermizo, aunque a veces suceda —sin que evidentemente sea la norma— en momentos de éxtasis. Suponiendo que tenga sentido decir que la realidad existe fuera de nosotros, solo podemos hacerla nuestra, hacer que exista *en nosotros* y *para nosotros*, por mediación de la palabra que la señala, la hace presente, la encarna y la trae a la vida. Con la palabra, la realidad externa entra en nuestra vida, y nuestra vida, simultáneamente, se hace comunicable y entra a formar parte de la realidad exterior: se socializa.

Existen experiencias extremas para las que literalmente faltan las palabras o son difíciles de encontrar. Los supervivientes de los *lager* nazis, con su reticencia a hablar —que en ocasiones consiguen vencer, pero siempre a costa de grandes sufrimientos— son testimonio de esta dificultad. No existen las palabras adecuadas, y el uso de las palabras corrientes supondría elevar aquellas experiencias al ámbito de lo humano: en cierto sentido, les habrían dado carta de naturaleza. ¿No se corre el riesgo de banalizarlas si se nombran de nuevo? Es necesario, sin embargo, intentar hacerlo, pero quienes han sentido este deber han experimentado la insuficiencia de las palabras disponibles. Nos parece una blasfemia comparar esta trágica experiencia con la de los místicos que, en éxtasis, son transportados a unos mundos que no son capaces de "explicar con palabras". También ellos "están obligados" al silencio.

No sorprende que cuando uno no se resigna a callar ante las cosas nuevas que no tienen nombre, cuando se está frente a algo de lo que por primera vez se percibe un aspecto que quizás ha tenido siempre pero que en ese momento se hace evidente, se sienta la necesidad de separar, de individuar, de subrayar, de especificar con palabras nuevas. Esta es la función de los neologismos: palabras que nacen y, si son algo más que una moda, si no están al servicio de la destrucción de la libertad de pensamiento —como aquella cosa que George Orwell llamó "neolengua" en su novela *1984*— sino que corresponden a hechos nuevos e inusitados, o a hechos antiguos vistos con ojos nuevos, bienvenido sea su nacimiento. Veamos dos ejemplos.

El jurista polaco Raphael Lemkin publicó en 1944 un libro titulado *Axis Rule in Occupied Europe*, que examina el proceder y los instrumentos adoptados por los nazis para eliminar de la faz de la tierra a los judíos y someter a las "razas inferiores". En él empleó por vez primera una palabra de su invención, "genocidio", para indicar la aniquilación de una nación o de un grupo étnico de un modo deliberado y sistemático. El término se refería sobre todo a la persecución de la nación polaca y del pueblo judío. La definición de genocidio provocó encarnizadas discusiones no solo respecto a su alcance, sino sobre todo porque, más allá de las intenciones, podría parecer que con la referencia a la palabra *ghénos* se sobreentendiera la existencia de razas humanas distintas, y se diera entrada a una discriminación racial sin límites. Por eso, el Tribunal de Nuremberg, que juzgó a los altos cargos nazis, prefirió utilizar la expresión "crímenes contra la humanidad". Pero el término "genocidio" entró a formar parte en 1948 del léxico oficial de las Naciones Unidas, al mismo tiempo que del de la *Declaración universal de los derechos humanos*, cuando la Asamblea general aprobó un texto de la Convención en el que era necesario utilizar un término que identificara un crimen específico, distinto de otros como pudieran ser las ejecuciones en masa, las persecuciones o las discriminaciones, tan abundantes en la historia de la humanidad. La intención con la que la palabra entró en el léxico actual fue la de evitar que los terribles sucesos del siglo pasado bajo el yugo nazi y fascista acabaran equiparándose, como si fueran una simple "réplica", a tantos otros episodios del pasado (la colonización de América, el tráfico de esclavos, las invasiones mongolas de los territorios del este de Europa, por ejemplo). Las masacres de los nazis entraban así en la comprensión contemporánea como un *unicum*, que necesitaba una palabra nueva para calar en la conciencia universal. Pero inmediatamente se comenzó a discutir si se podía y se debía aplicar también a las masacres de armenios por Turquía en 1915, al exterminio de la élite polaca por los soviéticos, a las muertes por hambre de los kulaks en tiempos de Stalin o a las abominaciones realizadas en África por los colonizadores europeos. En tiempos recientes, la palabra "genocidio" se ha empleado para referirse al exterminio de los pueblos Herero y Nama perpetrado a principios del siglo xx en el sudoeste de África por los colonizadores alemanes, a los kurdos, a los tutsis en Ruanda, y después a Bosnia, Camboya, Congo, Timor Oriental, Darfur, Myanmar, Siria. En definitiva, a todo lo que se refiere a los exterminios en masa durante «el siglo de los genocidios», como precisamente se titula el extenso estudio de Bernard Bruneteau. En Italia, bajo la cobertura de la palabra "genocidio" se intenta equiparar el exterminio de los judíos con las masacres de las *foibes*[6] en Julia e Istria durante la Segunda Guerra Mundial a manos de las tropas de Tito: son unos actos horribles, pero ¿son realmente lo mismo Basovizza y Auschwitz?

Existe, por tanto, una tendencia —que se presta a intenciones no historiográficas, sino ideológicas y políticas— al uso extensivo de la palabra, con el que se pierde su significado original, que se refiere a un acontecimiento muy preciso. Por un lado, si cualesquiera de los innumerables asesinatos en masa que se cometen se califican de genocidio, se estaría confundiéndolos entre sí, como expresión de un mismo «imperativo de matar» —título de un estudio de Pier Paolo Portinaro—, y el término quedaría despojado de su auténtica fuerza política y emotiva. Por otro, y en sentido contrario, se estaría instrumentalizándolo ambiguamente, bien para banalizar el suceso que le ha dado origen, equiparándolo a uno de tantos que han

---

[6] Las dolinas o foibes son fallas geológicas que originan simas, algunas de más de doscientos metros de profundidad, características de la zona fronteriza entre Italia y la antigua Yugoslavia. En la época señalada en el texto fueron arrojadas a ellas, vivas o asesinadas, miles de personas (N. del T.).

constelado la historia de la humanidad, bien para explotar el eco emocional que continúa suscitando, y extender su horror más allá de los límites propios del término. Todo esto, a fin de cuentas, es diluir el sentido auténtico de la palabra. De ahí la exigencia de una posterior diferenciación, que correspondió a otra palabra, *Shoà*, que se aplica exclusivamente al exterminio del pueblo judío llevado a cabo por el régimen nazi. La *Shoà* se trata de un caso particular, con características que no se encuentran en tantos exterminios calificados como "genocidios", y con los que no se puede equiparar en cuanto a la cantidad de víctimas, la violencia cometida y sufrida y las consecuencias para la supervivencia de comunidades humanas enteras.

A partir de los años 90 se ha extendido rápidamente el uso del término "feminicidio", último momento de la batalla por el reconocimiento de los derechos de las mujeres en un mundo dominado por la cultura, las prácticas y la violencia patriarcal. Antes, el asesinato de una mujer a manos de un hombre estaba incluido en el concepto de "homicidio", también cuando el varón asesino estaba vinculado a su víctima femenina por unas relaciones afectivas y sexuales que han degenerado. No parece que se dudara en los años y siglos pasados de que la norma del código penal que castiga el homicidio se debía aplicar indistintamente en todos los casos de muertes provocadas por hombres o por mujeres. ¿Por qué, entonces, la exigencia de una palabra nueva? Precisamente para distinguir y dar mayor relevancia al asesinato de una mujer "en cuanto mujer", es decir, en cuanto que pertenece al género femenino. Cuando una mujer en cuanto mujer es asesinada, en cierto sentido todas las mujeres se sienten víctimas de la misma violencia. Matar a una es matar a todas. Se trata de un fenómeno que tiene en su raíz un cambio cultural: el hecho desnudo es siempre el mismo, pero ha cambiado profundamente su percepción y es necesario encontrar una palabra nueva y precisa que se corresponda con esa percepción que ha madurado. Consideraciones análogas pueden hacerse sobre la proliferación y difusión de nuevas palabras para designar las numerosas y diversas realidades "de género". No es que antes no existieran, sino que antes, al no existir la palabra para designarlas, se ocultaban, se negaban. La riqueza del lenguaje que ha acompañado esta toma de conciencia ha hecho

estallar la contraposición binaria y simplificadora "mundo masculino" / "mundo femenino".

PALABRAS QUE ENGAÑAN

Hay palabras que permaneciendo iguales in-
dican realidades diversas en el tiempo y el
espacio, cuando el tiempo y el espacio han
cambiado. Las palabras pueden esconder engaños enrevesados. Citando *La apología de la
historia* de Marc Bloch, Carlo Ginzburg re-
cuerda que «los hombres, para desesperación
de los historiadores, no tienen la costumbre
de cambiar el vocabulario cuando cambian las
costumbres». Así, en el desfase entre la palabra
que persiste y las circunstancias que han cambiado, se generan equívocos que hacen que la
palabra se vuelva inútil o engañosa. Lo que
pudiera parecer longevidad no es en realidad
sino desgaste. A este propósito, y con respecto
a lo que nos interesa, veamos solo dos ejemplos: "libertad" y "democracia".

La primera palabra, "libertad", parece tener
un significado muy sencillo, al que tantas mentes, tantas pasiones, tantas doctrinas se han referido no solo en los tiempos modernos, sino

siempre que la humanidad se ha dado de cara con la opresión. Pero resulta que en realidad evoca conceptos muy diferentes y controvertidos. Podría explicarse así: emocionalmente se puede estar de acuerdo acerca de la exigencia vital expresada por esta palabra, pero cuando intentamos definirla en su contenido específico, los caminos se separan. La historia ilustra esta disparidad: la libertad se ha entendido como liberación del poder tiránico, como la facultad de poder elegir a quienes nos gobiernan, como la autorización para llevar armas, como el derecho a ser gobernados solo por hombres de la misma nación y solo por las propias leyes. Durante una época, la libertad era en Rusia llevar una larga barba (una alusión a los moscovitas tradicionalistas que se opusieron a la orden de Pedro el Grande de cortarse la barba, porque representaba un símbolo de resistencia frente al gobierno de Petersburgo). "Libertad" ha significado oposición a los gobiernos oligárquicos o a la tiranía de las mayorías democráticas. Quienes preferían un gobierno republicano la referían a este tipo de gobierno, lo mismo que hacían quienes, temiendo el poder de la masa ignorante, preferían la monarquía. En definitiva, cada uno ha llamado "libre" al gobierno que actúa de acuerdo con sus propias tradiciones e inclinaciones. Por último, como en las democracias parece que el pueblo puede hacer, más o menos, lo que quiere, se llamó libertad a este tipo de gobierno, confundiendo el poder del pueblo con la libertad del pueblo, Estas palabras, no faltas de ironía, pertenecen a un célebre texto del libro XI, capítulo II, de *El espíritu de las leyes* de Montesquieu. Y en el capítulo posterior el autor advierte que es fundamental comprender que una cosa es la independencia y otra la libertad. De aquí la conocida definición: la libertad «es el derecho de hacer todo lo que las leyes permiten. Y si un ciudadano pudiera hacer lo que las leyes prohíben, la libertad dejaría de existir, porque todos tendrían también ese poder». Por tanto, la libertad es el derecho de hacer lo que es lícito de acuerdo con las leyes; y estas —se debe añadir— han de emanar de «gobiernos moderados». Se trata del sentido común de hoy en día, pero el sentido común no basta en asuntos que no son en absoluto intuitivos. Actualmente, por ejemplo, se considera el suicidio como un acto de "libertad" cuando la vida ya no es soportable, o cuando se han perdido otras libertades fundamentales, tal como pensaban los estoicos; los movimientos por los derechos de las mujeres consideran el aborto como libertad; la palabra "libertad", en fin, campea hoy en las manifestaciones contra la imposición de restricciones a causa de un virus altamente contagioso. En todos los casos, la palabra está cargada de valor positivo: por la libertad se ha de combatir, y sacrificar la vida por defenderla es un acto lleno de dignidad. En el celebérrimo discurso por los caídos en el primer año de la guerra del Peloponeso (Tucídides, II, 37), Pericles describe así la libertad (*eleutería*: la condición digna del hombre libre) de que se gozaba en la Atenas del siglo V a. C.: la vida es libre no solo en las relaciones con el Estado, sino también en las actividades diarias, que a nadie resultan sospechosas. Nadie se escandaliza cuando los demás se comportan como creen conveniente, y no por eso se les desprecia. Pero si las relaciones privadas se caracterizan por la tolerancia, en la vida pública es el temor a actuar mal lo que nos obliga a ser estrictos en la obediencia a los magistrados y a acatar las leyes, particularmente las que se dictan en favor de las víctimas de la injusticia y las que, aunque no estén escritas, todos consideran vergonzoso infringir.

Lo mismo ocurre con "democracia", palabra que designa doctrinas y praxis diferentes y, de hecho, diametralmente opuestas entere sí. En primer lugar, se refiere al gobierno del pueblo, por el pueblo y con el pueblo. Pero a partir de aquí se pasa a una enorme cantidad de acepciones: gobierno de la plebe o del "pueblo llano", de la masa ignorante e irresponsable; gobierno de la mayoría; la acción para remediar y promocionar a las clases desfavorecidas, con asistencia y auxilios para huérfanos y vagabundos, etc.; democracia "sustancial" en oposición a democracia "formal", que se reduce al derecho al voto; democracia liberal, que se fundamenta en el derecho a la libertad y la separación de poderes; democracia del líder o democracia populista, basada en la aclamación; democracia social, que se sustenta en la igualdad y combate la desigualdad, es decir, un gobierno hostil a los ricos y a los aristócratas; gobierno de los propietarios; de las personas de sexo masculino; de los hombres y mujeres. Según Joseph de Maistre, el "momento" de la democracia es la rebelión de las masas, como cuando los *sanculotte* asaltaron La Bastilla; pronto llegaría el momento de los demagogos y del Terror: esta afirmación habría de confrontarse con los refinados procedimientos de la democracia inglesa y su escrupuloso respeto a las minorías. En este torbellino de ideas políticas cabe todo. Fascistas, nazis y comunistas han puesto a menudo la etiqueta de democracia o, mejor dicho, de la "verdadera" y "más honesta" democracia a los regímenes de Italia, Alemania y Rusia en la época de entreguerras, porque esos mismos regímenes declaraban que su acción se dirigía a elevar las clases inferiores y liberarlas de la explotación; eso sí: después de haberlas privado del derecho de actuar libremente, comenzando por el derecho al voto y el derecho a la huelga.

Las palabras, por tanto, pueden seguir siendo las mismas, pero ocultar realidades muy diferentes. Se pueden utilizar no para iluminar sino, por el contrario, para confundir, simular o disimular y, finalmente, engañar. La escuela y la clase, que se nutren necesariamente de palabras, tienen en consecuencia este primer deber: usarlas con todas las cautelas necesarias, sabiendo que el veneno del equívoco siempre está al acecho. Pero no se trata solo de un deber. Es también una oportunidad, porque a través de la vida y de la historia de las palabras podemos vislumbrar la experiencia de la humanidad.

Podemos conocer y comprender. En efecto, si prescindiéramos de la historia de las palabras no podríamos conocer y comprender *de verdad*: una regla que vale no solo para las ciencias "humanísticas", es decir, aquellas en las que actúan las fuerzas transformadoras del ser humano, sino también (suponiendo que la distinción tenga sentido) para las ciencias "naturalistas", generalmente llamadas "ciencias exactas", también sujetas a las transformaciones (los "descubrimientos") que provienen de la creatividad, de la versatilidad del ingenio humano.

HOGAR DE LA LIBERTAD Y DE LA DEMOCRACIA

El mundo amorfo y sin vida, por tanto, se puebla y vivifica por medio de las palabras. No sin razón se ha hablado de "magia", en el sentido etimológico de la raíz sánscrita *mag*, que significa "agrandar", "expandir": es la potencia que, con la palabra, convoca a las cosas a vivir en nosotros y por nosotros, en nuestra conciencia y en nuestro conocimiento, a la vez que funde nuestra vida con la realidad externa. Interioriza y exterioriza. Dar nombre a las cosas, sean materiales o inmateriales es, en este sentido, una actividad creadora que nos hace crecer. Se puede decir que el número de palabras que poseemos se corresponde con el número de "cosas" a las que podemos dar existencia, que podemos comprender y hacer nuestras y con las que entramos en relación vital. Sin las palabras se nos escapan las cosas y, con ellas, se nos escapa una parte esencial de nuestra existencia. Quien no posee palabras está totalmente inerte e inerme. Existe, pero no vive. Su vida es *zoé*, algo común a todos los seres animados, pero no es *bíos*, experiencia de relación, propia y específica de los seres humanos.

Se cuenta una historia —nos ha recordado Chiara Frugoni con las antiguas palabras del cronista Salimbene— que habría gustado a un descubridor de rarezas al estilo de Heródoto, y que ilustra bien este valor vital de las palabras para el ser humano. Federico II de Suabia, rey de Sicilia, quería saber el origen del lenguaje y si existía una lengua primigenia, "pura", exenta de las influencias del ambiente: la lengua "originaria"; «si era la lengua hebrea, que fue la primera, o más bien el griego, el latín, el árabe, o [si los niños hablaban]... la lengua de los progenitores de los que habían nacido—. Dice la leyenda que apartó a algunos recién nacidos de sus madres, aislándolos con nodrizas que los alimentaran, pero sin hablarles ni acariciarlos jamás. El resultado de la ausencia de palabras y de afecto fue letal para todos aquellos pobres niños. ¡Ni "lengua primordial" ni "vida primigenia"! El experimento demostró más bien que sin palabras no hay vida humana, ni siquiera vida puramente animal. El ser humano no puede ser reducido simplemente a *zoé*, porque el *bíos* le resulta indispensable.

Quien posee pocas palabras es pobre, está menos vivo que quien es poseedor de muchas, y además está expuesto a que se abuse de él. Para ser honesto, el debate, esencia de la democracia, ha de ser entre iguales: si solo hay uno que sepa hablar bien o que tenga un mayor conocimiento de las palabras, no triunfará el mejor argumento, sino el sofista que más hábilmente las utilice para acorralar, más que para razonar con el otro. Todos recordamos la *Carta a una profesora* escrita por los niños de la escuela Barbiana de don Milani: «Lo que nos hace iguales es únicamente la lengua. Igual es quien sabe expresarse y entender la expresión de los demás. Ser pobre o rico es menos importante». En

efecto: a pocas palabras, pocas ideas y pocas posibilidades; a pocas posibilidades, poca libertad
y poca democracia. Cuando nuestro lenguaje se
limita a poder decir exclusivamente «sí» y «no»,
«me gusta» y «no me gusta», estamos prepara-
dos para los plebiscitos; y cuando solo sabemos
decir «sí» somos como un rebaño sometido a
obedecer a su amo.

A la luz de esto se comprende la relación que
existe entre palabra, libertad y democracia. Se
comprende lo que significa la expresión "escuela
como órgano constitucional". Como ha escrito
Piero Calamandrei, «la escuela es un órgano vital de la democracia. Si hubiera que comparar
el organismo constitucional con el organismo
humano, se debería decir que la escuela se corresponde con el órgano que tiene la función
de producir la sangre que renueva diariamente la vida todos los demás órganos. Sirve para
resolver el problema central de la democracia:
la formación de la clase dirigente, que no debe
ser una casta hereditaria, cerrada, una oligarquía,
una iglesia, un clero, una orden. De todos los
privilegios políticos que en la sociedad capita-
lista la riqueza confiere a los poderosos, el de
la educación es el más odioso: porque para ella

la riqueza material, que no es un bien deseable por sí mismo, se convierte en la clave indispensable para abrir a los hombres la puerta del espíritu: incluso los consuelos de la ciencia y de la poesía acaban siendo privilegio de los poderosos: para los pobres la miseria del cuerpo lleva consigo una condena mucho más dura, que es la ignorancia, es decir, la miseria del alma». No es exagerado por tanto considerar la escuela —una buena escuela— y el derecho de todos a frecuentarla uno de los más importantes derechos de la Constitución. Una fundamental garantía de liberación social.

DICCIONARIOS Y CUADERNOS DE APUNTES

La "clase", antes que nada, es una escuela de palabras con las que damos vida a las "cosas" que nos rodean y en las que estamos sumergidos. Esta sería una buena definición de lo que es una clase. De este metafórico baño surgimos revitalizados, más dueños de nuestra vida y conocedores de nuestras posibilidades y límites. Poseer pocas palabras equivale a pobreza vital, al aislamiento en la oscuridad de la crisálida de la pura y simple existencia animal. La "escuela de las palabras" es, pues, el tiempo y el lugar del "intercambio de palabras". La enseñanza y el aprendizaje consisten en esta circulación de palabras en la que germina y crece lo que podemos llamar "cultura", verdadero y propio "cultivo" de un terreno fecundo, que nutre la comunión de unos seres que viven juntos.

Pero la palabra es un recurso que puede convertirse en una trampa. La necesitamos y al mismo tiempo podemos ser sus víctimas. Hay que prestarle la máxima atención. Pongamos un ejemplo. Explicando la historia de las relaciones entre el Estado y la Iglesia es frecuente emplear el término "secularización". La secularización, como es sabido, indica un proceso que arranca de tiempos arcaicos, cuando religión y gobierno de la sociedad eran la misma cosa; se desarrolla después a lo largo de los siglos, al principio con la distinción entre las dos esferas, que luchan por la supremacía, hasta llegar al reconocimiento de que una y otra tienen un fundamento propio y distinto y no deben interferirse. Ante la mirada atónita de muchos estudiantes, pregunté durante la clase si sabían "qué cosa" indicaba esa palabra, "secularización": silencio absoluto. Solo una buena estudiante se aventuró a responder: «Lo que dura un siglo». De este episodio podemos extraer dos enseñanzas y una regla de comportamiento para dar una clase con fruto: la primera es que si no se domina una palabra, podemos oírla mil veces y no sacar nada en claro de ella, es una pérdida de tiempo; la segunda, que si se cree conocerla, pero en realidad se está malinterpretando, no es que haya oscuridad, sino que hay algo peor, hay error e incluso, a veces, autoengaño o engaño de quienes están interesados en engañar. La regla de comportamiento es que, ante cualquier palabra-clave desconocida, oscura, es deber del profesor y del estudiante detenerse un momento; el primero, para aclarar; el segundo, para pedir aclaración. Es un ejercicio tan simple que parece banal; pero, aunque así fuera, se trata de una banalidad muy útil, incluso indispensable para el aprendizaje. Y no solo para el aprendizaje: si es verdad que la palabra da vida al mundo, al conocerlas podemos estar en él sabiendo la postura que queremos adoptar respecto a una cuestión controvertida.

¿Es "buen estudiante" el que se inclina sobre su cuaderno de apuntes o sobre el teclado de su instrumento electrónico intentando transcribir servilmente lo que dice el profesor, sin perder una palabra, como un estenógrafo y, si el profesor "va demasiado rápido" le invita a hablar más despacio? De ninguna manera. Esa preocupación por seguir el ritmo impide concentrarse en lo que se dice. Solo de la concentración deriva la comprensión, es decir, la compenetración con la materia de la que se está tratando. Por el contrario, en ese pequeño cuaderno esencial se debe ir anotando el tesoro de las palabras importantes, sobre todo aquellas de las que aún no se conocía el significado, para trabajar más tarde con ellas. Precisar la impresión inicial, indicar la fecha, el lugar, la ocasión y el contexto en el que se han usado es conveniente para poder usarlas útilmente en el futuro. Este trabajo sobre las palabras, que es en realidad un trabajo sobre el mundo al que queremos pertenecer, no es solo retrospectivo, es decir, sobre el mundo y sobre las palabras que ya existen. También puede ser "prospectivo" por medio de palabras que aún no existen. El mundo cambia y necesita continuamente palabras nuevas, palabras creativas, para poder vivir por medio de nosotros y con nosotros.

El primer resultado sería un precioso cuaderno de apuntes que sobre todo contendría descripciones. En un segundo momento, las palabras se podrían clasificar haciendo uso de categorías de sentido y de valor: reagrupando las que consideramos positivas y las negativas, por así decir: de una parte, los jardines en los que nos gustaría vivir; de otra, las selvas oscuras en las que vivir sería una pesadilla. Más aún: las palabras podrían distinguirse según su uso propio, translativo, impropio, simbólico, metafórico, alegórico, etc., ampliando así la capacidad expresiva y evocativa del lenguaje que usamos. Son los diccionarios de nuestra vida, donde anotamos las cosas hermosas y horribles, atractivas y repulsivas: quien las compila sabe bien hasta qué punto pueden causar una excitante perplejidad y ser fuente de inspiración, útil y creativa.

Transmitir y descubrir

Llegados aquí, el profesor y los alumnos han de preguntarse para qué sirve la clase, para qué sirven las palabras que se dicen y se escuchan mientras se está desarrollando. ¿Sirven para transmitir o para descubrir? Se trata una distinción capital. Manifiesta momentos y actitudes espirituales muy diversos y que no son contrapuestos sino complementarios. "Transmitir" significa que hay una materia que alguien conoce y que debe ser "absorbida" por quien la ignora: el profesor se dirige hacia el alumno. "Descubrir" significa que la materia es desconocida de momento, pero puede conocerse gracias a la implicación de todos.

"Absorber", "tragarse" una clase, por así decir, puede parecer molesto en comparación con el hecho de investigar; efectivamente, la investigación es algo atractivo, electrizante incluso, como cuando uno se adentra en una tierra misteriosa. Pero estos dos procesos, aunque muy diferentes entre sí, están muy relacionados. Es inútil investigar sin un maestro, sin haber asimilado la instrucción necesaria; y ser maestro, pero no hacer uso de lo que sabe, es vanidad. Sin esa unión, la clase se reduciría a una fastidiosa e inútil erudición, a un vaniloquio igualmente fastidioso e inútil.

2.
TRANSMITIR

Desplazamientos

La clase es un lugar de "tra-ducción", de "entrega", de "transmisión" desde la generación precedente a la que la sucede. Desde los que saben más (habitualmente los de más edad) a los que saben menos (habitualmente los más jóvenes). Tengamos presente, no obstante, que muy cercano a estos términos está también el de "traición" y recordemos lo que acabamos de señalar a propósito de las palabras engañosas.

Lo que significa transmitir está claro en sí mismo: «Sería hermoso, Agatón, —dice Sócrates en *El simposio* [175d]— que la sabiduría fuera una cosa de tal naturaleza que, al ponernos en contacto unos con otros, fluyera desde el más lleno al más vacío de nosotros, como fluye el agua en las copas, a través de un hilo de lana, de la más llena a la más vacía». Pero la sabiduría y el conocimiento no fluyen como por un hilo. Por decirlo metafóricamente, no se transmiten mecánicamente como una sustancia líquida; la clase no es el momento en el que el profesor, que está lleno, se vacía más o menos a favor de los alumnos, que se van llenando. Si fuera así, la clase no sería más que un conjunto de instrucciones que se dan a las nuevas generaciones para hacerlas iguales a las viejas. La clase, en lugar de ser un momento creativo, se reduciría entonces a ser un momento reproductivo.

Los regímenes que tienen miedo a la libertad conocen bien esta posibilidad. Una clase que se imparte libremente puede ser un peligro para estos regímenes; de otro lado, si se controlan los programas y los métodos, se puede convertir en un instrumento, en "el" instrumento más eficaz para garantizar la continuidad, la estabilidad, la inmovilidad, la pasividad, la aquiescencia social ante las estructuras del poder y de sus representantes. Así entendida, una clase no es solo mortífera en todos los sentidos de la palabra; tiene también una función homogeneizadora:

moldear la mente de los que viene detrás según la de quienes los preceden. La instrucción en los regímenes que procuran autoritariamente conservar el hombre viejo o crear el hombre nuevo conforme a un determinado orden político, se concibe así: control ideológico de quienes enseñan, programas diseñados en las altas instancias, libros de textos aprobados por "el ministerio" o por cualquier otra "superintendencia", inspecciones ministeriales, exámenes para verificar la adecuación al modelo, títulos de estudios como certificados de homologación. Si se quiere tener una idea precisa de la vitalidad o de la inercia, del dinamismo o de la esclerosis de una sociedad, basta mirar cómo son las clases que se imparten en las escuelas.

La clase entendida como transmisión considera al profesor como una estación emisora y al alumno como la estación receptora. ¿Quién podría negarle a la escuela esta función? Pero si se redujera a eso, su éxito sería que los estudiantes supieran todo o mucho de lo que se quiere que sepan, aunque sea poco o nada lo que entiendan. Los Antiguos, desde Plutarco a Montaigne, conocían este riesgo y lo denunciaban empleando imágenes de lámparas y velas, bolsas, vasos, leña y chispas. Una cosa es considerar la mente de "quien no sabe" como un vaso o una bolsa que hay que llenar, y otra muy diferente es considerarla como una hoguera que hay que encender o un haz de leña que espera una llamita para comenzar a arder. Es muy diferente tratar a quienes forman parte de la clase como si fueran una materia inerte o una materia viviente.

Sin embargo, también se puede producir un deslizamiento en sentido contrario: desde la generación más joven a la de sus profesores, de manera que algunos de ellos, queriendo estar en sintonía con los estudiantes, acaban por adoptar sus modas. Así renuncian a ser puntos de referencia y también, cuando es necesario obstáculos que ellos han de afrontar y superar en el proceso de crecimiento cultural. El respeto riguroso al papel de cada uno es necesario. Sócrates, en el texto citado, no quiere esa asimilación y rechaza la invitación de Agatón a sentarse junto a él; quiere mantener una cierta distancia, la distancia que preserva la libertad de los dos polos de la clase: la enseñanza y el aprendizaje. La clase no es, pues, un abajarse de los alumnos ante los profesores para empaparse y quizás atragantarse de sus conocimientos. Pero, en sentido contrario, tampoco el profesor ha de ser complaciente con sus alumnos y sacrificar la dignidad de su profesión al canto de sirena de ser agradable a toda costa. Igual que humilla al estudiante que lo traten como si fuera un recipiente que hay que llenar, humilla al profesor que lo conviertan en un atemorizado animador de estudiantes y ser tratado como tal —"reeducado", se decía—. Algunos tristes ejemplos de "democracia en la escuela" se dieron en los tiempos de la "contestación", cuando había estudiantes que pretendían enseñar en lugar de los profesores, y estos les cedían el tiempo de su clase, "voluntariamente" o no. Era una derrota, un fruto de la cobardía o del deseo de agradar o, incluso, el reconocimiento implícito de la propia insuficiencia. Quienes, por el contrario, luchaban firmemente por mantener la dignidad de la profesión y no cedían a la fuerza travestida de ideología, se encontraban con dramas psicológicos que a veces acababan en tragedia. En los últimos años se ha difundido la práctica, igualmente absurda, aunque aceptada, de someter a los profesores y su actividad a evaluaciones anónimas (¡sí, anónimas!) por parte

de los alumnos, que han de responder cues-
tionarios y poner notas a sus profesores, y así
se les está invitando implícitamente a "agradar" o "complacer" a los estudiantes. Estúpi-
da idea de democracia en la escuela, cuando
sería posible y deseable que las dificultades y
las deficiencias que haya se aborden en franca
y responsable discusión cara a cara.

LOS CONTENIDOS

Hablamos, pues, de la clase, como un momento
en el que los conocimientos se van desplazan-
do de una parte a otra, cada una de las cuales
tiene sus propios derechos y deberes, es decir,
su propia dignidad que hay que respetar, en un
equilibrio que fácilmente se puede romper por
el abuso de una sobre otra. El equilibrio se ve
comprometido antes que nada cuando el profesor considera que él está por encima y arroja
sobre los estudiantes torrentes de nociones y
datos, repite citas y referencias a trivialidades
que ha aprendido a lo largo de sus años de lec-
turas, y cuenta los episodios que han dado sa-
bor a su propia vida pensando que interesan a
todos. El profesor que actúa así no es un buen

profesor. Es más bien un vanidoso que aprovecha la clase para promoverse a sí mismo ante un auditorio que se aburre o se divierte, pero al que de ningún modo ayuda a emplear bien su tiempo. Más bien ocurre lo contrario, pues los oyentes pueden ser inducidos a actuar así para evitar la "náusea del conocimiento", para no contraer la "verdadera y propia enfermedad del exceso de conciencia" que se contagia del profesor erudito, del monstruo de la ciencia, del sabelotodo "docto filisteo". Las expresiones que acabamos de citar pertenecen a Mann, Dostoievski y Nietzsche y denuncian el peligro de que el saber, que es instrumento de libertad se convierta en un lastre. La biblioteca es importante, pero más importante es la vida y lo que hay en ella no se encuentra en las estanterías en las que reposan los libros, sean impresos o electrónicos. La clase, por el contrario, más que sobrecargar con montones de materiales, debe sugerir pistas para saber orientarse, para salir y mirar hacia adelante.

El equilibrio de la clase también está peligro desde el otro lado, cuando el estudiante es el que "lo sabe mejor que nadie", el presuntuoso "sabihondo" que quiere demostrar que está a la altura de la erudición del profesor o incluso algo por encima porque ha leído más que los demás. Es petulante, fastidioso y desagradable para sus compañeros porque quiere quedar bien a costa de ellos. Como a menudo está convencido de ser realmente el mejor y quiere lucirse, es difícil razonar con él y conducirlo al espíritu de compañerismo que es necesario en una buena clase.

Manuales

Para que el contenido de un temario llegue hasta la mente de los estudiantes puede ser suficiente el estudio del "manual", del "libro de texto" prescrito por el profesor. Pero la clase —como ya veremos—, no es solo esto. Si lo fuera, asistir a clase sería una inútil pérdida de tiempo. Es lo que sucede a veces, en efecto, cuando el profesor se limita a "explicar el texto"; o, peor aún, cuando lo lee, algo que también ocurre. Un buen libro de texto es el que, en general, no necesita explicaciones; el que, por así decir, habla por sí solo. Ha de ser sencillo, básico, comprensible a partir de los conocimientos generales ya adquiridos con el estudio de textos preparatorios de la asignatura. Los "manuales" se escriben para uso de los estudiantes, no para complacer a los colegas.

Si la clase se reduce a la repetición del texto y es obligatoria la asistencia, la escuela se transforma en una opresora máquina de perder el tiempo. Si no es obligatorio asistir, como en algunos ciclos de los estudios "superiores", y los alumnos prefieren faltar a clase y preparar los exámenes exclusivamente con el libro de texto, es que algo está fallando: ¡la clase no sirve para nada! Los profesores que ven que la asistencia es masiva al principio del curso y poco a poco disminuye, deberían preguntarse por la utilidad de sus clases.

Desde la perspectiva de lo que es la clase, el conocimiento del manual debería ser el punto de partida, no el de llegada. Se podría decir que es el trampolín para saltar y llegar más lejos, más alto. La clase necesita que se conozca previamente el manual. Si esta condición no se da, como habitualmente ocurre, el tiempo de clase se dedica a una tarea que el libro de texto haría inútil; por eso se va con prisas, las horas disponibles siempre parecen pocas, el "programa" se cierne amenazante y nunca se puede terminar. El libro de texto debería ser un alivio, pero a condición de que se estudie cada vez que se explica una parte del temario en la clase, pero antes, no después. Habitualmente ocurre lo contrario: primero se escucha la clase, y si esta es una repetición del texto, se pierde el tiempo; si, por el contrario, la clase es un tiempo dedicado a ir más allá del texto y este aún no se conoce, una vez más se pierde el tiempo. Al carecer de los fundamentos, el profesor responsable necesita llevar a cabo un duro trabajo para hacer que sus alumnos avancen, pero cuando mire hacia atrás comprobará que muchos se han perdido por el camino.

3.
DESCUBRIR

Transportar, sí, es importante. Pero el cansancio no puede convertirse en un fin en sí mismo. Propongo una visión a ras del suelo, realista, basada en la experiencia, sin vuelos pindáricos, sobria, atractiva y respetuosa con la autonomía de los estudiantes y de los profesores.

Una imagen puede ayudar a comprender el valor de la clase: hacer el camino a pie en comparación con tomar el tranvía. La idea no es descabellada; por el contrario, es de alguien genial, alguien que escapa a cualquier clasificación académica: se trata un sacerdote ruso de inmensa cultura, estudioso de la espiritualidad y del arte cristiano bizantino, teólogo, filósofo de la ciencia y del lenguaje, matemático y estudioso de la materia, las algas, el yodo y el permafrost, un místico profundamente impregnado de la cultura y la religiosidad ortodoxa y, sobre todo, considerado desde nuestro punto de vista, un gran maestro, un profesor fascinante que estimulaba el pensamiento de quienes trataban con él y fueron sus alumnos. Este «Leonardo ruso», como es habitual referirse a Pável Florenski, una vez que su pensamiento y su vida han sido objeto de estudio, fue fusilado en 1937, en la época de las purgas estalinianas, no por ser un político disidente, sino por ser alguien con personalidad propia, alguien incompatible con el pensamiento único, que es el ideal de toda dictadura.

Después de años de prisión en el gulag de las islas Solovki, en las heladas tierras de la Carelia rusa bañadas por el mar Blanco, ese disparo que puso fin a su vida estaba de modo trágico perfectamente alineado con la tradición de la Rusia autocrática, solo temporalmente abierta al pensamiento libre en época de Catalina la Grande. Desde Alejandro II a Stalin hubo en este aspecto una cierta coherente continuidad. Allí donde nacía una idea, la que fuera, a los ojos vigilantes de la ortodoxia —imperial, comunista o de cualquier otro tipo— nacía un peligro. Pero las ideas, de hecho, van y vienen libremente. Nadie puede saber de dónde vienen y adónde van, y precisamente en esto radica la amenaza que todo *stablishment* ve cernirse sobre su estabilidad. Tras la revolución europea de 1848, el zar había prohibido la enseñanza de materias filosóficas porque la utilidad de la filosofía no estaba demostrada, mientras que sus perjuicios eran muy probables. Se sospechaba que la filosofía, debido a la inestabilidad de sus fundamentos, al carácter inquietante de sus resultados y a la ausencia de un contenido determinado y de límites precisos (así era considerada) favorecía, dada su natural inclinación a pensar de manera diferente, peligrosos intentos de cometer delitos. Durante la autocracia floreció la mística ortodoxa y no la filosofía profana, tal como se la entiende en el mundo occidental. Con el avance del ateísmo durante la Revolución, tanto la filosofía como la mística, inmersa en la religiosidad rusa, fueron condenadas a desaparecer. Por tanto, durante los años del totalitarismo estalinista, alguien como Florenski, junto a tantos otros representantes de la *inteligentzia* libre, debía ser reducido al silencio. Solo había lugar para la apología del régimen.

He aquí un testimonio de su fascinante maestría, dejado por uno de esos alumnos a los que condujo a «pensar de otra manera»: «El aula magna estaba llena hasta lo inverosímil. Había gente de pie entre los bancos, a lo largo de las paredes, sentada en las ventanas, agolpada junto a la puerta [...]. Florenski, que tenía un tono de voz bajo, poco sonoro, pintaba con las palabras [¡de nuevo, las palabras!] verdaderos cuadros, y no solo los pintaba, sino que despertaba en el alma una suerte de resonancia [he aquí el *aulòs*] [...]. Yo me sentía lleno de deseos de vivir, de razonar, de pensar, de crear con él. Nos abría los ojos a los detalles más pequeños del mundo que nos rodeaba, a la naturaleza y a la humanidad; la belleza adquiría una luminosidad cada vez mayor y nos envolvía en su claridad y el mal se nos aparecía como la oscuridad, como la ausencia de belleza. El mal dejaba de ser amenazante. [...]. Los alumnos reaccionaban de modos diferentes: algunos se sentían confundidos por las digresiones del maestro en el ámbito de la arqueología o de las costumbres, por sus atrevidos saltos del mito a la etimología, de la lógica a la interpretación intuitiva de los símbolos, de las matemáticas a la estética; otros lo escuchaban como hipnotizados y embrujados. Mientras hablaba, el profesor parecía estar siempre descubriendo cosas nuevas desde fuentes antiguas, y algunos estudiantes, habituados a oír lo que se debía pensar, instruidos para aceptar conclusiones previamente establecidas, se sentían desorientados e irritados. Él quería que sus alumnos aprendieran a estudiar a partir de las fuentes originales, a captar cada detalle significativo, a acompañarlo en su viaje por el mundo antiguo. Muchos reaccionaban positivamente». «Una clase no es un tranvía que lleva de una estación a otra —les decía Florenski—, sino un paseo con los amigos»: era una experiencia que conocía muy bien, si interpretamos correctamente el famoso cuadro en el que Mijaíl V. Nesterov lo retrata caminando pensativo con su bastón de serbal favorito —que es un árbol de fuertes raíces— junto a su amigo Serguei N. Bulgakov, al que quería entrañablemente. Lo importante es el paseo, no la meta; lo importante es tratar de ver claro paseando con los compañeros de aventura espiritual, según la antiquísima tradición peripatética e incluso bíblica, ya que Dios «paseaba» en el jardín del Edén en intimidad con el primer hombre y la primera mujer. Es una tradición de la mística ortodoxa, la del santo monje que va errante por toda la faz de la tierra, deteniéndose solo para recuperar el aliento. Estas etapas, sin un destino definitivo, son compatibles con su espiritualidad, siempre anhelante de nuevos caminos.

Así es como Florenski explicó su forma de entender lo que es una clase, como un tiempo para «mirar alrededor», lejos, con amplitud, más que como el momento de una «mirada penetrante y focalizada» en detalles particulares y separados del conjunto: «La clase está relacionada con la didáctica, igual que el "libro de texto". Sin embargo, son dos cosas muy distintas. El libro de texto es como un plan de trabajo para conseguir un resultado, un mapa topográfico que indica una ruta, como los que tienes a mano cuando vas de excursión y solo conoces el punto de partida y el de llegada. El libro de texto no crece, está compuesto por piezas que simplemente se ponen juntas, está construido con partes prefabricadas». Es un camino que siempre se vuelve a recorrer una y otra vez, que se "repasa". La clase, por el contrario, aunque tiene necesariamente un sentido (para no perderse en una cháchara interminable), «no avanza en línea recta, totalmente encerrada en una formula racional, sino que, como ser viviente, desarrolla sus propios órganos, respondiendo en cada ocasión a las exigencias que se manifiestan a medida que se avanza. En ese sentido no estaría fuera de lugar calificar la clase ideal como una especie de coloquio, de conversación entre personas espiritualmente próximas. La clase no es un trayecto en un tranvía que te arrastra inexorablemente hacia adelante sobre rieles fijos y te lleva a la meta por el camino más corto; la clase es un paseo a pie, una excursión que tiene un preciso punto de llegada o, mejor, que transcurre por un camino con una determinada dirección general, pero sin que su único objetivo sea llegar hasta allí, ni hacerlo siguiendo un determinado recorrido. Para quien pasea es importante caminar y no solo llegar; quien pasea avanza tranquilo, sin apresurar el paso. Si le interesa una piedra, un árbol o una mariposa, se detiene a observarlos más de cerca, con más atención. A veces mira a su alrededor contemplando el paisaje, o bien (¡también ocurre esto!) retorna sobre sus pasos al recordar que no había observado bien algo que era interesante. Los senderos secundarios, incluso la ausencia de veredas en la espesura del bosque, lo atraen con su romántico misterio. En una palabra, pasea para respirar un poco de aire puro y darse a la contemplación, y no para llegar lo más pronto posible al fin previsto del viaje, jadeante y cubierto de polvo».

Por tanto, el final del tiempo de clase y el final de la clase en sí misma no coinciden en absoluto. La esencia de la clase es ser un momento de vida científica que se disfruta junto con los oyentes. Hace que se desee saborear más. No consiste en sacar fuera del depósito de una erudición abstracta unas conclusiones ya preparadas para ser servidas en fórmulas estereotipadas. Si la cuestión se redujera exclusivamente al transporte, a la trasmisión de «verdades» ya confeccionadas, la clase se volvería absurda y carente de objetivo. Con más comodidad y probablemente con mayor eficacia, podría uno mismo dejarse llevar por el estudio del libro de texto, algo que se puede hacer por cuenta propia. «La clase es iniciar a quienes asisten en el "proceso" del trabajo científico, en la creación científica; es un modo de aprender a través de evidencias e incluso un método de trabajo experimental: no es simplemente la transmisión de la "verdad" científica tal como es conocida en el momento actual, en su fase "contemporánea". De hecho, ¿qué es en este sentido la "verdad" científica"? ¿No es acaso como el viento, que no cesa jamás, o como las olas, que avanzan en la incansable resaca? En una palabra, ¿no es una energía viva, la *energéia*, en contraposición a lo que está esclerotizado, el *érgon*?».

AVANZAR

No es un fracaso, por tanto, que finalice el tiempo de la clase sin haber alcanzado el objetivo (es decir, que no se haya "cerrado" el tema con un punto y aparte), debido a que en algún momento se tomó un camino secundario que llamaba la atención, para volver cuanto antes al camino principal. Algunos ejemplos. Estamos tratando sobre la separación de poderes y un estudiante pregunta: «¿Cuándo nació esta doctrina? ¿Qué había antes de Montesquieu?». Pues es la ocasión de referirse a la sociedad medieval, que no concebía la igualdad en el sentido moderno y se basaba sobre los tres "estamentos" teorizados por Adalberone de Laon alrededor del año 1000 —aunque ya Platón hablaba de ellos— y magníficamente explicados por Georges Dumézil en su estudio sobre las tres "funciones" en la sociedad indoeuropea (fuerza, religión, economía). Se está hablando sobre la familia, y se presenta una oportunidad para tratar acerca de la relación entre lo que es natural y lo que es artificial en la historia de las civilizaciones. Se explican las penas que el Estado utiliza para imponer sus normas, y los estudiantes preguntan si la abolición de la pena de muerte tiene algo que ver con la democracia: es el momento de exponer la diferencia entre individualismo y totalitarismo y de dar ideas acerca del "movimiento abolicionista" y sus motivos. Estamos comentando las penas de prisión y alguno pregunta si existen diversos tipos de encarcelamiento; es posible explicar entonces las diferencias entre la reclusión, los campos de trabajo forzado, los *lager*, e informar acerca de los intentos de "humanizar" las cárceles. Se habla de la "dignidad" e igualdad de las personas, y resulta un momento óptimo para tratar de la cuestión racial y del racismo (desde el punto de vista de la historia, de la genética, de la política), del colonialismo y del imperialismo, hasta desembocar en el desorden mundial y en los debates sobre el llamado "nuevo orden mundial".

Las digresiones son "pistas" de despegue, no de aterrizaje. No se comete un fallo si se dice: hoy tenía la intención de hablar de este asunto, pero me habéis ido dirigiendo hacia otro; mañana volveremos al camino principal, y lo seguiremos hasta que nos llame la atención otra cosa: si surge algún tema que esté vinculado con el tronco de la clase, trepar sobre esa rama del árbol no es dispersarse; al contrario, es una gran satisfacción haber accedido y avanzado por la estructura de la cultura, es decir, a través de las conexiones que la inervan.

Comenzar y avanzar no significa, por tanto, seguir una línea recta, sin obstáculos; tampoco es seguir una línea quebrada que ya ha sido irrevocablemente trazada. El profesor, igual que los estudiantes, a lo largo del paseo que es la clase se mantiene alerta tocado por la curiosidad, por un pensamiento repentino, por el deseo de hacer una pausa y formularse a sí mismo una pregunta que quizás nunca se había hecho. Del mismo modo que los estudiantes toman apuntes, también el profesor necesita anotar (o a pedir que algún voluntario lo anote para recordarlo después) lo que ha venido a su mente digno de ser recordado, de que no se olvide: algo que procede de él mismo o de la observación de un estudiante "impertinente". No hay nada más digno y gratificante para un alumno que su profesor le diga: «muchas gracias, no lo había pensado y tú me has ayudado a darme cuenta de algo importante que me había pasado desapercibido; lo voy a pensar y quizás mañana pueda completarlo, corregirlo o hacer alguna sugerencia». Admitir una laguna, una imperfección, un olvido, aceptar que no se sabe algo, ¿no es acaso el modo más digno de rendir homenaje a la ciencia que el profesor ha elegido como profesión, y de mostrar ante el interlocutor la humildad que es la contraseña de toda persona de ciencia? ¿Y no es también el modo más eficaz de hacer sentir a los estudiantes que participan de un camino común? Desconfiad, pues, del profesor que lo sabe todo, del río de ciencia que nunca vuelve sobre sus pasos, que no rectifica, que se encierra en lo que ha "aprendido" de una vez por todas. Un buen profesor agradece que sus alumnos sepan estar en su sitio, es decir, que sepan que no han de estar sentados sin más, ni mucho menos dormitando, sino erguidos frente a lo que se va desplegando ante ellos en el transcurso de la clase.

PUNTOS DE LLEGADA

¿Significa esto que todos son iguales? En absoluto. Todos diferentes, pero en la diversidad se distingue al profesor, que es quien "marca el camino" gracias a lo que ya sabe, como un guía en el bosque, donde siempre hay algo nuevo que observar y descubrir. Un guía, no un manipulador de personas. No lleva a rastras, no presiona con la obsesión de tener que acabar el "programa" que algún burócrata ha impuesto. La clase no es un momento "informativo" (para eso ya está el libro de texto), sino "fermentativo" —como dice Florenski—; si no se han descubierto cosas nuevas, al menos queda la satisfacción de haber tocado lo ya hecho y dicho innumerables veces, pero con las propias manos y con la propia mente.

DESCUBRIR

¿Cómo termina la hora de clase, ese paseo metafórico? Puede que se reúnan todos en la meta prevista. Se ha alcanzado un punto de llegada, una conclusión satisfactoria, una demostración (hasta que se sienta la necesidad de volver a plantear dudas y ponerse de nuevo en camino). Pero también puede ocurrir, y de hecho es lo que ocurre la mayor parte de las veces, que suena el timbre y el bedel (como pasaba "en mis tiempos") anuncia el final mientras quedan aún tantas cosas por examinar, tantas preguntas por plantear, tantas dificultades que gustaría afrontar, tanta curiosidad despertada por lo que se ha podido ver y examinar, pero que debería ser observado y examinado una vez más. ¿Es que hemos fracasado? De ninguna manera. Será el comienzo de la clase siguiente y, en cualquier caso, aunque pudiera parecer que no hemos conseguido nada, o al menos no todo lo que nos habíamos propuesto, hemos alcanzado una cosa, una gran cosa: la conciencia de la complejidad de los hechos de la vida, de los lazos que existen entre ellos y la dificultad de desentrañarlos. Es una importante lección de humildad para quienes lo creen saber todo.

Esto puede suceder, pero ¿ocurre realmente? Rara vez, pero ocurre y entonces es una gran alegría. Y si no sucede más a menudo, ¿no podría ser también culpa del profesor? Los alumnos no son los únicos que deben "estudiar": el profesor también debe "estudiarse" a sí mismo, es decir, asegurarse de que lo que sabe y transmite no está teñido del color gris de lo ya sabido de sobra, de lo oxidado. ¿No será también culpa del profesor, que no ha sabido desprenderse del hábito del burócrata, que repite palabras conocidas y multiplica documentos ya compilados por otros pero que ya no tienen vida? Para hacer esto basta un "repetidor", una grabación realizada en un soporte que se pueda volver a escuchar de la misma manera todas las veces que se quiera; no se necesita un profesor. El vocablo "profesor" procede de *profaíno*, "hago aparecer", "al pronunciar, hago salir a la luz", o "doy a luz", como hace la comadrona socrática. Si no consigue que lo que dice fructifique, en vez de culpar a los estudiantes o al excesivo número de alumnos que hay en la clase, ¿no debería hacer también un poco de autocrítica? ¿No debería, por ejemplo, preguntarse si se ha debilitado aquel apasionamiento que lo embargaba al inicio de su carrera? ¿O si se ha alejado espiritualmente de la enseñanza porque han aparecido otros intereses profesionales, y está recurriendo la no infrecuente práctica de ser sustituido por profesores jóvenes y sin experiencia ("ayudan-tes", los llamábamos hace tiempo)? Recurrir a esto equivale a toda una confesión: mis clases no tienen calidad y, por tanto, son intercambiables con las de cualquier otro profesor, con las de un sustituto o un suplente.

Mirar alrededor

El nuestro es un tiempo analítico, no de síntesis. El análisis y la síntesis son tan importantes uno como otro pero, por sí solos, el análisis es una amputación y la síntesis un salto en el vacío. Actualmente, la síntesis se le escapa a la ciencia y la escuela, sobre todo en los niveles más elevados, ya que ellos son el ámbito de la especialización, del análisis. Parece como si solo los "especialistas" tuvieran el derecho de habitarlas. El grado de fragmentación al que hemos llegado no tiene precedentes, y con toda seguridad este camino se va a recorrer cada vez a más velocidad. Los científicos, para ser científicos, deben ser analíticos, deben "desmontar" el mundo en pedazos, en trocitos cada vez más pequeños, que exigen una especialización cada vez mayor, necesaria para seguir profundizando. Se desmontan las piezas, pero ¿quién será capaz de volver a unirlas? Si consideramos que la tarea de quien piensa y enseña a pensar no es solo analizar sino también articular, proponer una síntesis, los significados orgánicos de las cosas que tenemos ante nuestros ojos, debemos reconocer nuestra perfecta ignorancia.

Se ha impuesto la convicción o, al menos, la práctica, de que si se quieren conocer las cosas en profundidad, han de observarse en cuanto "distintas", es decir, apartadas de su contexto, de modo que se manifiesten claramente y la ciencia sea lo más "pura" posible, es decir, autónoma. Cada cosa es definida en su especificidad, y cuanto más se multiplican las "especies" mayor es la convicción de haber superado los mitos en los que se basaba el conocimiento de los Antiguos, para quienes la misma cosa podía ser en cada ocasión y dependiendo del contexto muchas otras: animal y demonio, fuente y diosa, lluvia y benevolencia de los ancestros, enfermedad y castigo de los dioses, Así, el mundo se podía considerar como una concatenación de hechos y significados interdependientes, lo cual contribuía a la convicción de la unidad de la vida y de la experiencia humana y natural, unidad que podía sintetizarse en la idea del cosmos como un inmenso y único "ser viviente", sometido a una ley universal: un ser que debía ser estudiado y respetado en su totalidad. La mitología es expresión de este tipo de convicción.

La derrota del mito a manos de la ciencia, es decir, la desacralización del mundo y el retroceso de la poesía a favor del cálculo analítico, son hechos consumados, nos guste o no. Sin embargo, así se acaba perdiendo de vista el todo en el que los fragmentos adquieren su pleno significado y vitalidad. Tal vez sea una trágica condición de la ciencia, que procede separando, desmenuzando; etimológicamente, matando (*cædere*: "cortar"). Pensemos en el cerebro del que habla Borges en su relato *Funes, el memorioso*. Funes recordaba hasta los pormenores más pequeños de la forma, cantidad, tiempo, lugar y posición de cada detalle, y poseía una monstruosa capacidad para descubrirlos. Sin embargo, había perdido la facultad de "relacionar", no sabía pensar por síntesis (en síntesis: sencillamente no sabía pensar *tout court*) y por tanto no era capaz de "relacionarse": el conocimiento exclusivamente analítico equivale a la soledad. Equivale a no entender nada.

El conocimiento sintético de todo, aquel al que aspiraban los sabios del tiempo de Heráclito, Parménides, Platón y Aristóteles, es imposible. Cada uno de nosotros tan solo puede poseer algunas fracciones infinitesimales. Esa sabiduría antigua que pretendía abrazar el cielo y la tierra ha sido sustituida por el enciclopedismo, los bancos de datos, los *big-data*, que ambicionan el conocimiento total de las causas y efectos de los fenómenos morales y sociales, es decir, pretenden profetizar con una base científica, o sea, calculable, separando en primer lugar la existencia "fría" de las cosas y la existencia "cálida" de las personas, para vincular después las primeras con las segundas. Es el lenguaje algorítmico, un lenguaje que busca la perfección de la totalidad de un mundo fraccionado: es algo que da miedo.

El hecho de impartir o recibir una clase, ¿tiene algo que ver con el problema clave de nuestro tiempo, que es, en una sencilla aproximación, la relación entre la ciencia y la conciencia, entre el determinismo y la libertad; dicho de otro modo: la integración de todas las dimensiones de la experiencia humana? Considero que hay que responder afirmativamente, si es que aceptamos que la clase no se ha de reducir a la exposición de unos datos aislados, sino que debe contribuir a que se integren en un contexto de significado. Esto solo puede hacerse "mirando alrededor". Es necesario mirar siempre más allá, con mayor profundidad; con una mirada tan amplia como nos resulte posible. Al pasear juntos —por emplear otra vez la imagen ya conocida— se puede transmitir a los estudiantes el gusto por la curiosidad y el entusiasmo de ver con los propios ojos, de idear las combinaciones que reconstruyan la unidad entre las llamadas "ciencias naturales" —que son analíticas— y las "ciencias humanas" —que necesariamente son sintéticas—. De modo que estamos de nuevo en el punto de partida: el vocablo "clase" [*lezione*] alude al acto de "atar" [*legare*], "reunir". Pero en este caso se trata de reunir no a muchas personas, sino muchas miradas que se dirigen hacia múltiples direcciones.

El lenguaje relacional —que usa analogías, metáforas, imágenes, sugerencias— es peligroso, aunque muy útil, siempre que no se reduzca a una simple aproximación, al sentimentalismo o a la sugestión, sino que inspire conexiones, analogías, estructuración del mundo a través de la lengua. El lenguaje abierto o *reliant* (en expresión de Edgar Morin) no es necesariamente artificioso; por el contrario, puede iluminar la realidad con mucha precisión. Si se dice, por ejemplo, que los totalitarismos procuran convertir el pueblo en un rebaño, estamos utilizando una palabra, "rebaño", cuyo significado conocemos bien. Pero si en lugar de eso se afirma, empleando el lenguaje propio de la ideología del fascismo, que el fascismo busca instaurar una patriótica "unión mística", se está cayendo en la sugestión, la confusión y el engaño.

Nuestro sistema educativo, queriendo evitar confusiones, espejismos, ilusiones y engaños está fundamentado en la separación de las "disciplinas", cada una de ellas con su propio lenguaje, especializado e inaccesible a los profanos, aunque estos sean grandes conocedores de otras disciplinas. Así es la historia del progreso, que sin embargo tiene un precio: la fragmentación de la conciencia en conocimientos parciales —cada vez más parciales, de hecho— e incomunicables entre sí. La consecuencia que hay que temer es que crezca el conocimiento junto a la inconsciencia; o, peor aún, que a medida que aumentan los conocimientos aumente la esterilización de muchas conciencias fragmentadas. Esto es sinónimo de barbarie, aunque sea altamente científica y tecnificada.

ELEVAR Y UNIR

Uno de los rasgos de la cultura de nuestro tiempo y de nuestro mundo es la separación entre la cultura humanística y la cultura científica. Esta separación se refleja en todos los niveles de la escuela, como si fuera una división evidente. Y no lo es. Sabemos bien que cuanto más se aparta la mirada de las "materias" específicas que desarrollan los libros de texto —en las que la organización académica quisiera encapsular a profesores y estudiantes— más se debilitan las fronteras entre las disciplinas; entonces, la perspectiva "por materias" de las clases se supera de forma natural. Para demostrar lo infundado de la distinción entre "humanistas" y "científicos", basta pensar en los números. La ciencia de los números, la aritmética, parece a primera vista la más alejada de las ciencias humanísticas. Y, sin embargo, pensándolo bien, bastaría pensar en la armonía celeste de los pitagóricos; en las reflexiones filosóficas, teológicas, estéticas,

arquitectónicas, pictóricas y musicales, psicoa-
nalíticas y, en fin, jurídicas y constitucionales:
formulaciones que muy bien pueden comenzar
con el "uno", el "dos" y el "tres" (*omnia trina
perfecta sunt*). El tres es el número mágico del
constitucionalismo liberal; el uno, del despotis-
mo; el dos, del conflicto. Por eso, hablando de
matemáticas, por ejemplo, son necesarios los
"límites". Si queremos profundizar en los sa-
beres específicos de una disciplina científica, es
imposible ignorar la situación de las ciencias y
de las creencias —incluso las que nos parecen
supersticiones pero que antaño se tenían por
verdades indiscutibles—; es imposible ignorar
el estado de la técnica experimental, la acumu-
lación, conservación y circulación de las materias primas, su distribución geográfica y social,
los grados de alfabetización, la relación entre la
oralidad y la escritura, entre la escritura a mano
tradicional y la actual escritura digital.

Quizás se pueda expresar así: cuanto más
profundamente se observa lo específico, tanto
más se descompone la materia, en el sentido de
la "cientificidad" tal como hoy se entiende; cuanto más se mira alrededor y se agregan materias,
tanto más clara aparece la unidad del saber. La

gran distinción entre lo que es científico y humanístico se justifica en el nivel de lo microscópico, no de lo macroscópico.

Discernir

Por otra parte, a medida que la ciencia profundiza desarticulándose, sin mirar a su alrededor, más difícil resulta controlar el uso pragmático de sus descubrimientos. Los resultados de la ciencia vienen a ser como un teclado interminable que puede tocar a su antojo quien tenga poder. El científico que sinceramente se considera amigo de la humanidad y actúa con las mejores intenciones, no pocas veces se tiene que horrorizar al constatar que ha sido víctima de la heterogénesis de los fines en su investigación. Los conocimientos en el campo de la energía nuclear, de la química, de la física, de la biología, de la genética y de la neurociencia; la tecnología digital y sus infinitas posibilidades, el desarrollo de la industria... ¿qué nos están diciendo? La energía nuclear puede servir para la guerra, pero también para la medicina; la genética es capaz de crear monstruos, pero también cura enfermedades desde el momento de la concepción y crea recursos alimenticios suplementarios por medio de los OGM; la neurociencia puede emplearse para controlar las mentes o para curar enfermedades de las funciones cerebrales; la tecnología digital puede ser un instrumento para producir y difundir conocimientos o para controlar capilarmente nuestras existencias hasta el punto de convertirlas, por usar una imagen de Dostoievski, en «las púas del cilindro de un organillo». La producción industrial pone a disposición bienes de consumo, pero también devora los recursos y empobrece la tierra. Incluso la investigación médica, que por definición parece ser benéfica, a largo plazo puede tener consecuencias no deseadas y desastrosas. Por ejemplo, la prolongación de la vida mediante cuidados y tratamientos a ultranza conlleva interrogantes éticos bien conocidos, relacionados con temas como el suicidio, la eutanasia o el suicidio asistido. La perspectiva de que pueda haber vidas individuales que mediante determinados tratamientos médicos no lleguen a su fin, es decir, la perspectiva de la inmortalidad, a la cual ya se apunta, más que esperanza genera visiones monstruosas de un futuro terrible.

El desarrollo compartimentado de la ciencia y de la técnica conduce a la llamada "taylorización de las conciencias". La irresponsabilidad ética de la ciencia y la técnica fue uno de los tormentos de Primo Levi, a los que se refirió con un fuerte dramatismo innumerables veces en sus escritos. «Somos hijos de esa Europa en la que está Auschwitz: vivimos en el siglo en el que la ciencia se ha doblegado y ha dado a luz el código racial y las cámaras de gas. ¿Quién puede estar seguro de ser inmune a la infección?». Cesare Cases, a propósito de *Los hundidos y los salvados*, ha escrito: «Lo que no soportaba [Primo Levi] es que la honorable empresa Topf de Wiesbaden, que producía crematorios para uso civil, suministrara los equipos para Auschwitz y después regresara a su actividad anterior como si nada hubiera pasado y sin plantearse siquiera cambiar su denominación social». Lo mismo sucede con Bayer, que produce la aspirina y el Zyklon B, inventado —ironías del destino— por un judío alemán, usado inicialmente para desinfectar parásitos y después, en una espantosa coherencia, en las cámaras de gas. «Tal vez sea el secreto de la "gran locura" del Tercer Reich que Levi intentó en vano descubrir; si así fuera, se trata de un secreto universal que no cesa de amenazarnos, y es nuestra racionalidad la que crea la amenaza»: la que se llama racionalidad técnica, sobre todo cuando la razón renuncia a mirar a su alrededor y la ciencia piensa que actúa moralmente limitándose a investigar, aunque no evalúe las posibles aplicaciones de sus descubrimientos. Es un signo de madurez el hecho de que diversas instituciones de investigación científica estén abriéndose a las denominadas "materias humanísticas", lo cual implica que se mira alrededor. Lo mismo debería ocurrir a la inversa: la integración en la cultura humanística de algunos elementos de la cultura científica. Puede que se resienta la "pureza" de las respectivas disciplinas, pero se ganará en responsabilidad.

Sigue diciendo Primo Levi: «Si te dan a elegir» —y es en el terreno del estudio y la investigación donde más fácilmente se puede elegir—, «no te dejes seducir por el interés material o intelectual, sino elige el ámbito que pueda hacer menos doloroso y menos peligroso el viaje de tus coetáneos y de los que vengan después. No te escondas tras la hipocresía de una ciencia neutral: eres lo suficientemente docto como para saber si del huevo que estás incubando saldrá una paloma, una serpiente, una quimera o tal vez nada en absoluto». Eres «lo suficientemente docto», pero solo si alguien —la escuela— te ha acostumbrado a mirar más allá de lo que está delante de tus narices.

Continuemos con nuestro paseo. Nadie posee una mirada, un conocimiento y una conciencia tan vastas como para abarcar todas las posibilidades que hoy se abren a la ciencia y a sus aplicaciones: ciencia en su sentido más amplio, que abarca también la dimensión histórica y ética de la experiencia humana. Nadie es capaz de tanto. Nuestra ignorancia es inmensa en este ámbito y, paradójicamente, crece a medida que crece lo que sabemos y lo que podemos hacer. No obstante, ya es mucho que procuremos ampliar nuestra mirada todo lo posible, como hace el buen científico que, después de mirar por el microscopio levanta la vista hacia lo que tiene ante sus ojos. En el paseo, en efecto, nuestra mirada se eleva desde el examen de una brizna de hierba hasta la pradera; desde el arbusto, al bosque; desde el vuelo de un pajarillo a la inmensidad del cosmos. Desde las pequeñas acciones buenas, a la bondad; desde las pequeñas injusticias, al mal del mundo.

4.
INFORMAR Y FORMAR

Instruir, inculcar

El reino del espíritu en el que se desarrolla la relación entre el maestro y sus alumnos es por definición el reino de la liberación de la ignorancia y del crecimiento de la autonomía personal. Precisamente por eso la indicación de Michel Foucault sobre la "microfísica del poder", es decir, sobre la posibilidad de que la opresión, por leve que sea, se instale en cualquier estructura relacional, parece a primera vista aplicable a la relación entre el maestro (que está por encima o delante) y el discípulo (que está por debajo y detrás). Al haberse hecho un uso prepotente de la función magisterial se comprende el porqué del escrito del 68 sobre un muro de La Sorbona, por más ingenuo y simplista que sea: «No más maestros». Son conocidas las herramientas pedagógicas que algunos modelos educativos autoritarios han puesto en práctica para forjar a los alumnos, con sanciones morales o incluso físicas, y que han llegado hasta la manipulación de las conciencias, hasta el "lavado de cerebro". También se observa lo mismo en las relaciones educativas interpersonales, y se convierte en una cuestión política de la mayor importancia cuando se trata de la "formación" del ciudadano, asumida como tarea de los gobiernos, o de la del creyente, que es la misión específica de cualquier religión organizada.

Esta cuestión hunde sus raíces en la antigua *paideia* —es decir, en la estrategia para la construcción del buen ciudadano en Atenas y en Roma— y en la catequesis cristiana, que busca fomentar la fidelidad a la doctrina de la Iglesia. Recordemos una memorable discusión en una época más reciente, en tiempos de la Revolución Francesa. Había dos posiciones enfrentadas acerca de la misión de la escuela pública en la nueva sociedad revolucionaria: "transmitir conocimientos" o "inculcar principios éticos". En síntesis: "instruir" o "educar"; iniciar al buen revolucionario en la ciencia o en la vida. Es una cuestión que siempre ha estado presente, desde la *República* de Platón, y que en la época moderna volvió a surgir durante la Ilustración, cuando la escolarización se trasformó en una función de relevancia pública y la instrucción popular se convierte en tarea del Estado. Puesto que, como he dicho, los problemas abordados en estas discusiones son perennes, existen también hoy, al menos en algunos aspectos. Para referirnos a ellos podemos tomar como puntos de observación y orientación las opiniones mantenidas a finales del siglo XVIII por Condorcet y Tayllerand. Los dos sostenían la necesidad de la escuela pública obligatoria para todos, pero concebían sus objetivos de modos diverso, incluso contradictorio. La cuestión que se planteaban era cómo vencer la charlatanería, la ignorancia y la superstición.

Para Condorcet, la escuela se debía limitar a instruir, es decir, a transmitir conocimientos. La educación como la formación obligatoria de "sujetos morales" lesionaría la libertad y la autodeterminación de los jóvenes y la de los padres respecto a sus hijos. Se habrían roto las relaciones naturales entre las generaciones (padres e

hijos) y entre las personas, se destruiría la felicidad doméstica enfrentando a los hijos con
los padres y anulando los sentimientos de reconocimiento filial, germen de todas las virtudes.
La felicidad pública, a la que aspiraba la Revolución, se habría transformado en algo postizo
y autoritario. En síntesis: la tesis de Condorcet
era que la educación pública de carácter ético
es contraria a la libertad de conciencia y a la independencia de opinión. Distinto es el caso de
la instrucción pública que se limita a transmitir
conocimientos sin pretender imponer valores.
Esto se debería aplicar incluso al conjunto de
los principios republicanos escritos en la Constitución: en efecto, deben formar parte, y parte
importante, de la enseñanza pública, pero solo
"en cuanto hechos" a los que todos los ciudadanos están sujetos; pero no como una "doctrina",
puesto que en ese caso esos principios se con-
vertirían en una especie de religión política, en
una cadena para los espíritus. Bajo el pretexto
de rendirle honores, se terminaría violando la
libertad de los ciudadanos en su derecho más
sagrado: sus derechos morales.

En definitiva, Condorcet estaba convencido de que la lucha contra la ignorancia y

la generalización de la instrucción promoverían por sí mismos la adhesión espontánea a los principios éticos del nuevo mundo que la Revolución manifestaba con la fuerza de una revelación. Talleyrand, por el contrario, abrazaba la idea del Estado como promotor y ejecutor necesario de la moral revolucionaria. El Estado debía ser el gran educador; debía inculcar la moral del mundo nuevo. En el lenguaje actual se diría que ese Estado no habría podido dejar de ser "ético" si quería mantenerse vivo. Debía tener sus "catecismos", cuya fuente era el catálogo de los derechos y deberes constitucionales de los ciudadanos, al que se debían vincular no con una simple obligación externa, meramente política o jurídica, sino moral. Efectivamente, los catecismos constitucionales, inspirados en el catecismo tridentino de la verdad católica, florecieron en varias partes de Europa, allí donde se dejó sentir la influencia de la moral política jacobina. Leemos: «Es necesario conocer la Constitución. La Declaración de los derechos y principios constitucionales han de ser para la juventud, para las generaciones futuras, un nuevo catecismo que se enseñará hasta en la más pequeña escuela del Reino». La premisa era que cualquier constitución, y sobre todo una constitución revolucionaria, requiere una moral conforme a ella. «Es preciso que se imprima no solo en todos los corazones, en los sentimientos y en la conciencia, sino que también se la enseñe como una ciencia verdadera, cuyos principios serán mostrados a la razón de todos los humanos de todos los tiempos. No es posible estar impregnados por el espíritu de esta Constitución sin reconocer que todos sus principios requieren la ayuda de un nuevo género de instrucción. Finalmente, y por decirlo todo, la Constitución no existiría realmente si quedara solo como un texto escrito; si, más allá de eso, no echara raíces en el alma de los ciudadanos, si no imprimiera para siempre sentimientos nuevos, costumbres nuevas, nuevos hábitos». El siguiente paso, dado por el diputado de la Convención François Xavier Lanthenas, fue la propuesta de un orwelliano Ministerio de la Moral y de la Instrucción para la Supervisión de las Escuelas. Condorcet había previsto esta posible deriva autoritaria y había advertido contra el peligro de una "religión civil" que, con el pretexto de "cuidar" (*chérir*) la libertad, la violaría en lo más importante de todo: la libertad de conciencia.

La relación problemática entre instrucción y educación siempre está presente. Los regímenes totalitarios no han tenido ninguna duda sobre cómo se debe crear el "hombre nuevo", el hombre sometido que necesitan. También en las sociedades libres existe una tendencia paternalista, muchas veces animada por las mejores intenciones. Pero ya se sabe que de buenas intenciones está empedrado cierto camino… Basta recordar las interminables discusiones sobre si la religión debe ser objeto de enseñanza laica o confesional, o las cuestiones suscitadas en torno al "documento orientativo" emanado del Ministerio de Educación sobre la "asignatura" Ciudadanía y Constitución, de 4 de marzo de 2009. Lo citamos como ejemplo de los peligros del adoctrinamiento. En él se explica que esta materia ha de servir para «hacer [de la micro-sociedad escolar] una verdadera comunidad de vida y de trabajo, [para] madurar la capacidad de buscar y de dar sentido a la existencia y a la convivencia, de elaborar dialécticamente los constructos de la identidad personal y de la solidaridad, de la libertad y de la responsabilidad, de la competencia y la cooperación»; para «gestionar conflictos e incertidumbres», para «la

expresión auténtica de uno mismo», etc., mediante los adecuados «itinerarios formativos» y
la promoción de todas las «competencias» cívi-
cas que deben informar al «buen ciudadano».

¿La alternativa entre instrucción, como
transmisión, y educación, como amaestramien-
to, no deja lugar a otra visión de la experiencia de la escuela, a una concepción diferente
de la "moralidad? ¿Es que el resultado —si es
que hay resultados, porque no todo fluye como
agua fresca— de los años que se han pasado en
la escuela, es decir, recibiendo clases, solo puede ser un estudiante repleto de nociones o un
estudiante atiborrado de ideología? Existe una
alternativa, y es precisamente aquella a la que
nos hemos referido hace un momento y de la
que podemos seguir hablando ahora: caminar
juntos mirando alrededor, una y otra vez. ¿Es
que esta actitud activa, exploradora, atenta a
lo que hay que descubrir y aprender constantemente en el trabajo de construcción de la
propia identidad, no tiene un carácter moral?
Es una ardua tarea que nadie puede dar por
definitivamente concluida, que predispone a la
modestia y a la comprensión de quienes están
recorriendo el mismo camino: como una suerte

de *Bildungsroman* que se empieza a escribir en los años de la escuela, junto a los compañeros de la misma clase, y que puede durar toda la vida o hasta que los estragos del tiempo hagan que se extingan para siempre las amistades de juventud.

A la escuela como ámbito de la propia formación, que sintéticamente se ha descrito, se pueden aplicar perfectamente las palabras de Norberto Bobbio, tan citadas pero tan poco comprendidas: «La inquietud de la investigación, la punzada de la duda, la voluntad de diálogo, el espíritu crítico, la mesura en el juicio, el escrúpulo filológico, el sentido de la complejidad de las cosas». ¿No es ésta una actitud que se inspira en una concepción no dogmática de la moral, tolerante, abierta; en una palabra: libre?

¿Ponerse en camino?

En cualquier caso, no es fácil. ¿No sería más sencillo dejarse instruir o dejarse educar? Es hermosa la libertad, pero el ejercicio de la libertad es fatigoso y arriesgado a veces, cuando choca con los lugares comunes, las verdades oficiales, los intereses y los poderes constituidos. Esto vale

también para el ámbito de la enseñanza, donde es tan fácil "dejarse llevar" y no solicitar ni
buscar nada más allá de lo que se nos transmite
o se nos inculca. Aquí está el gran desafío de la
escuela en libertad. Si pierde, se precipita en
la repetición asfixiante, pero si vence, no llega
a alcanzar el paraíso. Siempre encuentra nuevos
desafíos, nuevas preguntas, nuevas curiosidades
que satisfacer —por un tiempo— que exigen
más estudio, más esfuerzo.

El viaje produce cansancio, y la clase también. Es necesario vencerlo y esforzarse para
gozar del placer de los resultados, es decir, del
conocimiento y contemplación de una realidad,
de una verdad, que habría pasado desapercibi-
da, que no se hubiera experimentado de haber
estado apaciblemente sumido en la indolencia.
El momento más difícil es el inicial, el del primer esfuerzo para vencer la pereza y emprender
el viaje: el de pasar del estado de reposo, que no
cuesta nada y de hecho se agradece muchas veces, al movimiento. Esto es difícil en sí mismo,
y mucho más cuando el esfuerzo no se ve co-
rrespondido con el premio: el esfuerzo es actual
y concreto, pero el premio es futuro y eventual.
Ocurre exactamente como en la imagen del

aprendizaje comparado con el viaje: se piensa hacerlo, pero como puede ser decepcionante, ¿para qué empezarlo entonces? Hay una separación temporal entre el esfuerzo y la satisfacción, entre el sufrimiento y el premio. En el trabajo manual no existe habitualmente esta distancia, puesto que el artesano ve cómo va naciendo su obra al compás del esfuerzo que realiza. En el trabajo intelectual, por el contrario, primero es el esfuerzo y solo después, cuando se ha sufrido, puede nacer la satisfacción. Se trata de un escollo que todo buen profesor debe superar cuando se encuentra cara a cara con sus estudiantes. La primera tarea del profesor es esta precisamente: agitar, poner en marcha, con la incierta promesa de algo que aún no se ve, que se verá más tarde o que quizás nunca se verá.

¿Qué o quién puede hacer que se active el resorte? La clase y, en la clase, evidentemente el profesor, cuyo cometido es decir la primera palabra, la palabra de la que depende todo lo que viene después. Esta palabra ha de estar viva, en un doble movimiento. El primero arranca del tema de la clase, implica al profesor y a través de él a los estudiantes. A este movimiento le conviene el término "atracción". El segundo es de respuesta a esa atracción, y va hacia la cosa. A este movimiento le corresponde el término "pasión". ¿Se trata quizás del "eros" del que habla Massimo Recalcati? Sin atracción y pasión el profesor se ha equivocado de profesión y el alumno ha perdido el sentido de su estudio.

Dudas y certezas

¿Cuál sería el punto de llegada del camino que se emprende al iniciar una clase? Hagamos un sencillo y breve *excursus* a propósito de esto, de carácter vagamente filosófico. Es costumbre, al menos como una primera aproximación, oponer el espíritu de Jerusalén al de Atenas, y utilizar esta divergencia como una marca que nos orienta a lo largo de toda nuestra historia cultural. Se trata de dos mundos espirituales. Para quienes se ocupan diariamente en enseñar o aprender, vienen a ser "Escila y Caribdis".

A la luz de la vertiginosa especulación filosófica que contraponen los mundos de las dos ciudades, Jerusalén aparece como la patria del pensamiento problemático, polémico y controvertido, que se desarrolla en claroscuros nunca completa y definitivamente explorados e iluminados; allí, una palabra y su contraria pueden ser verdaderas porque las dos son palabras del Señor, que es —escribe Ghersom Scholem— «palabra infinita». Cualquier controversia que tenga lugar "en nombre del Cielo" continuará existiendo hasta el fin del mundo: porque ¿quién podrá tener la última palabra "en nombre del Cielo"?

Jerusalén es la fe en la promesa de la claridad escatológica, de la verdad, que llegará y desatará todos los nudos. Quizás entonces la escuela sea superflua y se suprima, pero mientras esto sucede hay y habrá una gran necesidad de ella. *Shemà Israel*, «escucha, Israel», es el primer imperativo, el fundamento perenne de una cultura religiosa que ha resistido a lo largo de los siglos ante cualquier forma de persecución. El contenido de su verdad ha de ser siempre discutido, interpretado, reinterpretado una y otra vez porque la palabra del Señor está siempre llena de significados, siempre está grávida de contenido. Es esencialmente "doble", según el salmista (62,12): «Una palabra ha dicho el Eterno, dos he oído yo»; las obras del Señor son «de dos en dos, una frente a la otra», según el Sirácide (33,15). Por tanto, hay palabras, pero tras ellas solo hay interpretaciones y ninguna de ellas es soberana y estática, porque solo la palabra "importa". Cualquier interpretación protege y enriquece las palabras, se hace con ella materia común y promueve nuevas interpretaciones que hacen de la Palabra un organismo viviente. A una pregunta se responde con otra pregunta, es decir, con un movimiento hacia delante, avanzando. En esta cultura, la contradicción no es un escándalo porque genera y revela una nueva conciencia.

Atenas, por el contrario, es la patria del *lògos*, de la lógica, del pensamiento victorioso que combate la injusticia en nombre de la justicia, la falsedad en nombre de la verdad, el mal en nombre del bien. Esto queda sintetizado en la celebérrima fórmula atribuida a Parménides, para el cual «el ser es y el no ser no es» y «decir de lo que es que no es, es falso; decir de lo que no es que es, es falso». De esto se concluye que la verdad es una realidad, como suele decirse, ontológica o esencial, eterna e inmóvil, fuera de la cual solo existe el error. Si la argumentación de Jerusalén se alimenta de semejanzas, analogías y metáforas, la de Atenas se alimenta de lógica rigurosa y rotunda.

El principio de "no contradicción", que es el más importante principio de todo el pensamiento filosófico occidental hasta la Ilustración y la racionalidad técnica que hoy impera, viene de Atenas, no de Jerusalén. Atenas es la razón que conserva sus mitos solo para vencerlos y racionalizarlos mediante una filosofía que se desarrolla en dicotomías, según la oposición verdadero-falso; es la razón que acepta los enigmas, las palabras oscuras de los oráculos, pero solo como punto de partida para desvelarlos.

Mientras la discusión en Jerusalén es multiplicadora, la razón en Atenas es simplificadora. En un caso, el número es el dos; en el otro, el uno. Y en ambos puede haber gérmenes peligrosos: en el primer caso, la duda extrema, que conduce al nihilismo; en el segundo, la verdad fanática, que acaba en la intolerancia.

¿Cómo se puede salir indemne de estos escollos que tan bien conocen los profesores? Si se adopta el espíritu de Jerusalén, recordando a cada paso que las palabras que usamos son provisionales, discutibles y revisables; si se adopta el espíritu de Atenas, recordando que la verdad que buscamos siempre está un paso más allá del punto que hemos alcanzado. Jerusalén nos dice:

mira alrededor, pero no pienses que eres capaz de verlo todo; Atenas nos dice: mira adelante, pero no creas que has llegado al final.

RESISTIR

Suele decirse que la esencia de las cosas se revela en las situaciones extremas, pues entonces es cuando se sabe con certeza a qué se puede renunciar y qué es imprescindible conservar. Pienso, por ejemplo, en las escuelas que la Comunidad Hebrea organizó espontáneamente para los jóvenes que fueron expulsados de las escuelas públicas por las leyes raciales de 1938. El mundo exterior era hostil y amenazante; la supervivencia física acabaría peligrando, pero en esos momentos había que defender la supervivencia, igualmente importante, de una cultura con miles de años de antigüedad. Lo mismo ocurrió, y de forma aún más trágica, con las escuelitas organizadas en los guetos o, incluso, en los campos de exterminio, cuando los niños, privados de sus escuelas, fueron reunidos, frecuentemente de manera clandestina y en condiciones desesperadas, para aferrarse con las palabras de sus maestros y maestras al hilo viviente de la esperanza. Pienso también en los planes para subyugar a las poblaciones eslavas llevados a cabo por el Reich nazi, cuyo punto esencial era clausurar las escuelas y esterilizar su cultura. Se trataba de una forma extrema de dominación, que pronto daría paso a la eliminación física, iniciada con la supresión de la cultura. De manera más o menos radical, esta era también la política escolar de todos los regímenes coloniales. Se comprende —y entonces se comprendía aún mejor— que las clases pueden tener un valor inestimable cuando no son una condena al aburrimiento sino la resistencia a la aniquilación que, además de los cuerpos, pone en su punto de mira la conciencia, la identidad y el conocimiento.

Deberíamos ser conscientes de lo afortunados que somos y sacar provecho de nuestra situación: no vivimos en las condiciones extremas que leemos en los libros de historia o que vemos en aquellos países donde la opresión es la norma y las jóvenes generaciones intentan sobrevivir, en lugar de vivir con plenitud y libremente. Debería bastarnos oír las voces lejanas y valientes que denuncian el clima de aislamiento en el que todavía tienen que vivir muchos jóvenes en el mundo. Pero esas voces, tan alejadas de nuestro entorno, son difíciles de sintonizar, incluso —y quizás de un modo particular— en la era de los medios de comunicación global. ¿Y qué podría hacer la escuela con sus pobres medios? Esa escuela que pide esfuerzo, concentración y dedicación, cuando resulta que los niños están inmersos en un mundo que, engañándolos, les pone todo e inmediatamente al alcance de la mano: modas, imágenes y exterioridad; relaciones "virtuales" —y que por tanto son sociales solo virtualmente—; "cultura" que "se descarga" telemáticamente y quizás se "pega" en un trabajo escrito, que aparenta ser fruto del estudio, del compromiso y de la creatividad. Parece una lucha desigual. En efecto, la sociedad en su conjunto, las familias, los círculos de amistad, los ambientes que se crean para vencer la soledad, empujan en dirección opuesta a la arcaica y superada dirección que sigue la vieja y querida escuela.

Y, sin embargo, no siempre y en todas partes es así. Si intentamos comprender lo que ocurre realmente en el mundo de los jóvenes y, por tanto, en la escuela, no podemos ocultar que el rechazo a esta situación va siendo cada vez mayor. Es como un movimiento de rebelión, un deseo de llevar las riendas de la propia vida, de la propia educación y de la propia cultura. Me parece que se experimenta cada vez con más fuerza la necesidad y el deseo de liberarse del sometimiento a la superficialidad en la que se basa la sociedad de individuos-consumidores de bienes materiales. Se aspira a la seriedad y a la creatividad de una sociedad de personas-creadoras de sí mismas y de sus condiciones de vida. Por supuesto, son impresiones que proceden de determinadas experiencias del mundo de la escuela, no de su totalidad, solo de los sectores de mayor cultura y, por tanto, de élite.

¿Y no sería precisamente en esta fisura abierta en el mundo de la juventud donde la escuela tendría que desempeñar un papel activo, sacudiéndose los estados de ánimo negativos, el síndrome del fracaso, el vivir tranquilamente esperando la jubilación? ¿No sería este el momento de una alianza, sea nueva o antigua? El silencio que pedimos a los alumnos cuando entramos en clase y comenzamos la explicación es casi un símbolo del necesario alejamiento de lo obvio y lo banal; sin silencio no hay lugar para la cultura (y podríamos reabrir la discusión sobre esta palabra, "cultura", que tiene una raíz común con "cultivo"). Este silencio que se hace es el signo de un pacto tácito entre alumnos y profesores: estamos aquí y ahora porque nos dedicamos, queremos dedicarnos, a unas realidades distintas, que no nos aturdan como esas otras realidades que están allá fuera.

Este momento, si se es consciente de él, es el primer y esencial acto de resistencia.

5.
EL AULA

El aula

Resuenan "en el aula" las palabras que se dicen durante las clases. El aula es una estancia con resonancias muy diferentes, de acuerdo con lo variado de quienes la componen. Puede brillar con diferentes colores, con reacciones imposibles de prever. Puede, por el contrario, mantenerse sorda y silenciosa. Ocurre igual que cuando se escucha música: los sonidos son lo que son, se pueden clasificar por su intensidad, su timbre, su ritmo, por la frecuencia de las ondas sonoras... Pero si vamos más allá de estos datos materiales y entramos en el ámbito del espíritu, que no acepta la cuantificación, lo que cuenta es la disposición de ánimo de quien da y de quien recibe: quien da, en una clase, es el profesor, que es único; quienes reciben son los alumnos y estos, si tienen vitalidad, son muchos y muy distintos. Las vibraciones recíprocas conectan de manera imprevisible estos elementos y crean la clase, "el aula" como concepto. Cuántas veces hemos utilizado esta palabra ("mi" clase, entro en clase, me expulsan de la clase...) sin darnos cuenta de que no indica un lugar frío entre cuatro paredes o una mera suma aritmética de individuos. Una clase es un conjunto en el que coexisten las personas, están las unas frente a las otras y actúan, para bien o para mal, como un organismo vivo. Estar fuera de ella, (en el pasillo o, en tiempos de De Amicis, detrás de la pizarra) puede significar poco o nada si se está en el aula como un peso muerto; significa mucho —y significa algo muy malo— si es que quieres conscientemente ser miembro de un grupo.

Una clase está formada por estudiantes y por profesores. En la llamada "educación a distancia", que hemos experimentado recientemente, en la que también hay profesores y alumnos, no es posible ver una clase. Esa ficción degenerada de la escuela que es la enseñanza transmitida por señales telemáticas e impartida a través de pantallas, está absolutamente privada de la riqueza de estímulos, influencias, sugerencias, enfrentamientos, luchas, rivalidades, apoyos, solidaridad, atrocidades e incluso maldad.

La primera tarea del profesor, por seguir con la metáfora musical, es suscitar en los estudiantes la capacidad de vibrar como ante el sonido de la flauta; es hacer de la clase una sala de conciertos en vivo. Todos los músicos, huelga decirlo, conocen la diferencia entre tocar ante un público motivado, con expectativas y dispuesto a participar en un acontecimiento colectivo fascinante, y tocar en un estudio de grabación. Hay silencio en ambos lugares, pero en un caso es un silencio cargado de tensión y en el otro un silencio frío y pasivo. El aula es el lugar en el que vibra la flauta, y quizá no sea casualidad que este sea el instrumento seductor, el mozartiano instrumento mágico por excelencia: la flauta de Pan y de todos sus compañeros sátiros; la flauta de la India que encanta incluso a las serpientes; la flauta de Hamelin, que encanta a ratones y niños, las launeddas de la Cerdeña profunda, que hablan varios idiomas a la vez.

¿Qué es, pues, la clase comparada con la música? Es una pregunta legítima y la comparación es posible siempre que se tomen en serio sus dos términos. El aula podría definirse como el espacio en el que resuena la flauta, donde «una cuerda resuena en la niebla», por citar el *Diario de un loco*, de Gógol. «A propósito, ¿cómo debemos considerar la música?», se preguntaba Dostoievski. «En mi opinión es el mismo lenguaje [que la literatura] pero expresa lo que la conciencia (la totalidad la conciencia, no el razonamiento,) *aún* no ha captado y que, por tanto, aporta un positivo beneficio. Nuestros utilitaristas no lo comprenden, pero aquellos de entre nosotros que aman la música no abandonan este leguaje y continúan utilizándolo». En efecto: la clase, sea cual sea su objeto, es o debe ser la fuerza positiva, que por medio del conocimiento conduce hacia la «plenitud de la conciencia» para "triunfar" sobre la ignorancia. Es la tensión hacia algo desconocido que se va desvaneciendo poco a poco para convertirse en un conocimiento nuevo.

Si no nos dejamos llevar por la pereza, si somos profesores y alumnos que no se conforman con "estar" en el aula sino que quieren "ser" en el aula, comprenderemos cómo debe ser la disciplina que reine en ella: exactamente como la tensión hacia el crecimiento del saber y de la conciencia, un esfuerzo que no tiene nada que ver —de hecho, es lo contrario— con las palabras repetitivas de los profesores y con la presencia pasiva de los alumnos. Ambos están, cada uno por su lado, sometidos a esta disciplina del aula, siempre que esta no sea gris, sorda y muda.

LAS CLASES

Hablamos de la clase como concepto abstracto, pero, en realidad, no existe una "clase" concreta igual a otra. Al estar cada una formada por un número limitado de alumnos, las cualidades y capacidades de cada uno influyen fácilmente en el conjunto. Esta riqueza de oportunidades es precisamente lo que teme la escuela autoritaria. Su intención es la reglamentación; los atuendos de los alumnos, por ejemplo, fueron en su día un símbolo: los pequeños con sus babis y los mayores con sus uniformes y distintivos de pertenencia a clubes o asociaciones (como si fueran pollitos puestos en hilera). Pero también es posible que se pierda la libertad cuando se desencadenan tensiones internas que alimentan la violencia contra los débiles o quienes prefieren la soledad antes que a esa manada o secta en la que se convierte el aula en algunos casos desafortunados.

Los profesores que mantienen los ojos abiertos saben con qué facilidad —con qué "naturalidad"— pueden desarrollarse en el aula dinámicas bastante perversas de superioridad y subordinación, jerarquías que son desastrosas para los alumnos más frágiles. El aula puede ser un reducido ambiente democrático donde estamos bien todos juntos, pero también puede convertirse en un entorno violento de humillación y fanatismo, un entorno de discriminación en el que podemos sentirnos muy mal, hasta el límite de la desesperación o más allá. Quizás algunos de nosotros, primero como alumnos y luego como profesores, haya sufrido estas experiencias que, sin necesidad de pensar en desenlaces dramáticos, hacen que la convivencia en el aula, en esas clases llamadas "problemáticas", sea insoportable.

Para tener una imagen eficaz de cómo esta degeneración es posible e incluso puede aparecer bajo una luz fabulosa, recurramos a la filmografía que ha llegado a un público amplio y que, más allá del valor artístico, ha provocado reacciones diversas. Una referencia puede ser *El club de los poetas muertos* (Peter Weir, 1989), que narra el poder manipulador de un profesor que se hace pasar románticamente por un líder liberador («¡Oh, capitán, mi capitán!») y arrastra y seduce a sus alumnos; que es también un demagogo exaltado que los corrompe, inyectándoles dosis agudas de prepotencia e intolerancia. La suya es también una clase, una clase en la que sin embargo se acaba coaccionando la personalidad de los alumnos, llevándolos al desastre en algunos casos. La película ha recibido muchos premios por su excelente factura, pero su mensaje es una ambigua sugerencia que nada tiene que ver con lo que es una auténtica clase, que se refiere a otra cosa: la seducción intelectual, por ser precisos, en su vertiente prevaricadora y narcisista. Porque hay seducciones de diferente naturaleza. El profesor está tirando de un extremo de la cuerda. Decía Edoardo Sanguineti que para tener éxito con sus alumnos, debe ser un seductor; pero, para que la relación no degenere, la atracción que ejerce debe nacer y crecer de la fascinación del tema que trata, no de otra cosa. Fascinación que provoca el deseo de participar en la clase con alegría, emoción,

miedo, desasosiego: en resumen, con inteligencia y emoción. La mejor "clase" es la que enseña
a controlar las emociones con el intelecto y a
mover el intelecto con las emociones. El profesor que, como un mal actor, deja a un lado
la materia de su explicación para ponerse en su
lugar ("como he dicho, como he escrito..."; "a
mí me ocurrió que..."), el profesor que hace de
"promotor de sí mismo" para tener éxito con
sus alumnos y alumnas, traiciona su profesión,
según la siempre válida acusación de mezquin-
dad que hizo Max Weber en su famoso discurso *La Ciencia como profesión*. Al otro extremo de
la cuerda están los alumnos. El profesor debe
poner todo su empeño en que no se pierdan
por el camino con inútiles y contraproducen-
tes alardes de erudición; y no se perderán si se
sienten ellos también involucrados en la aventura del conocimiento. Sólo entonces se mantienen asidos a la cuerda, que no se rompe por
la indolencia o la aceptación pasiva. La cuerda
de la que hablamos es una imagen que indica,
en definitiva, un tira y afloja lleno de interés;
la campana, cuando suene avisando el final de la
clase, debería ser recibida con un "¡Oh, noo!"
desde sus dos extremos.

Cuanto más intensa y excepcional sea la vida en las aulas, más expuesta está al peligro de que se desaten energías tiránicas latentes. *La Ola* (Dennis Gansel, 2008) es una obra cinematográfica alemana que lleva a la pantalla un experimento de creación de mentalidad totalitaria, un experimento de psicología de grupo, que fue llevado a cabo en Estados Unidos. Un profesor organiza una semana durante la que se debe mantener una rígida disciplina, con uniformes, símbolos de reconocimiento, rituales de iniciación, represión de comportamientos desviados y códigos de obediencia jerárquica absoluta. Cuando, desde esas certezas a las que se han aferrado, los chicos miran a su alrededor, solo ven cosas terribles en la sociedad de la que proceden: ausencia de ideales, xenofobia, malestar, vacío y miedo, y acaban por sentirse bien, tranquilos y dotados de la identidad a la que aspiran solamente en esa "ola", que los envuelve y arrastra. Les hace sentirse "alguien", no en cuanto individuos sino como parte de una "horda" que de hecho los somete y anula su voluntad. La situación pronto se descontrola y se precipita hacia un trágico desenlace. Este es el riesgo que amenaza a la escuela cuando pretende educar de acuerdo con el mito de una "excelencia" que aísla, llena de soberbia y, en última instancia, conduce al desastre.

Reflejos

El aula es una sociedad en miniatura que no vive en una burbuja, sino en contacto con el conjunto de la sociedad. De hecho, la prefigura. La organización de una clase puede considerarse como una anticipación, una promesa, una imagen de la sociedad que queremos construir: competitiva, discriminatoria, violenta o, por el contrario, cooperativa, igualitaria, amistosa. En cualquier caso, para bien o para mal, es una contribución a la obra de edificación social, desempeña una función de carácter político. Pero no es inmune a los influjos que proceden de aquellos "ámbitos" en los que está insertada: las familias, las creencias, la política, la cultura en su conjunto. En definitiva, la autonomía de las estrategias educativas de que dispone la escuela es limitada, para bien o para mal.

Puede servir de ilustración otra obra cinematográfica, la película chilena *Machuca* (Andrés Wood, 2004). Es la historia del intento que hace un profesor bienintencionado de promover la integración y la convivencia en la escuela entre alumnos de familias pobres y ricas, en la época de extremas tensiones sociales alrededor del golpe de estado que condujo a la dictadura de Pinochet. Entre los chicos de una clase surgen amistades que superan las divisiones y el odio existentes fuera de la escuela, pero el intento fracasa, a pesar de los abnegados esfuerzos del director, debido a la hostilidad del ambiente externo. Es una historia que puede leerse como un apólogo de la pureza de la vida adolescente, que no sabe qué hacer con las divisiones que los adultos han construido y alimentan. Un seguidor de Rousseau podría encontrar la confirmación de su idea de que los jóvenes son "buenos y hermosos por naturaleza" y somos nosotros los que después los estropeamos. Pero esta historia también puede ser vista como el relato de las dificultades de convivencia en la escuela cuando se intenta reunir a niños de orígenes tan heterogéneos respetando su libertad; una dificultad que, casi como en un reportaje, sin conclusiones ni "moralejas", testimonia la película francesa *La clase* —*Entre les murs*— (Laurent Cantet, 2008).

Los profesores y gestores comprometidos conocen muy bien las dificultades y la responsabilidad que supone elegir los criterios para agrupar a los alumnos que les son confiados del mejor modo posible: hijos de familias adineradas y de escasos medios; de profesionales y de obreros; familias de barrios con alto nivel social y de las periferias degradadas; chicos más dotados y menos dotados; fuertes y débiles; emigrantes que se han integrado bien y emigrantes desorientados; quienes dominan el idioma y quienes lo conocen mal, etc. ¿Separación o mezcla? ¿*Guetización* o integración? Si es necesaria la integración, ¿en qué medida y en qué proporción? No es fácil elegir entre exigencias opuestas, pero las decisiones que se tomen manifiestan la idea de sociedad que se tiene en mente. Los profesores irresponsables no tienen ninguna. Las regulaciones ministeriales en esta delicadísima materia no eliminan, ni podrían eliminar, la amplia discrecionalidad de los responsables escolares ni los prejuicios y presiones a las que están expuestos.

Los "proyectos educativos", de los que la burocracia ministerial continuamente habla, están mucho menos determinados por las "circulares" y "directrices" que por los criterios que se han seguido para agrupar a los alumnos y los tipos de clases resultantes. Esto es algo tan decisivo como subestimado o silenciado. ¿Homogeneidad social, cultural, actitudinal, étnica incluso? ¿Separación de los menos dotados y lentos de los que tienen más capacidades y podrían avanzar a un ritmo mayor? ¿Clases de excelencia, con profesores excelentes y clases de mediocres, con profesores mediocres? ¿Élite o igualdad? ¿Escuelas y clases de predestinados al éxito o de desafortunados (los que el lenguaje cruel de la juventud llama "los perdedores")? ¿Meritocracia o solidaridad? ¿Vocación al éxito egoísta o al crecimiento en común? ¿Clases de alumnos en las que merece la pena invertir tiempo, recursos y energía, y clases en las que no compensa hacerlo? ¿Es buena o mala la mezcla de clases sociales, de alumnos de diversas procedencias, con historias personales y familiares diferentes? ¿Los *pierinos*[1] —por utilizar el término de

---

[1] Dos prototipos de alumnos ejemplifican la tesis de la *Carta a una Maestra*, ya citada. De un lado, Pierino, el hijo del doctor y Gianni, de familia campesina. Cfr. Alumnos de la Escuela de Barbiana, *Carta a una maestra*, trad. española de José Luis Corzo Toral, PPC, Madrid 2018.

la escuela Barbiana—, favorecen a la escuela o la perjudican? ¿Y qué sería una clase exclusivamente formada por *pierinos* sino un ejemplo indignante y antieducativo de exclusión social y de competitividad insana, promovida ya desde el principio de la escolarización y destinada a prevalecer más allá de la escuela, en la jungla de las relaciones sociales, donde sobrevive el más fuerte o el que goza de mayor protección?

Las opciones son muchas y todas reflejan lo que cada uno considera que es bueno para la sociedad; es más: son concreciones de la idea que se tiene de lo que la sociedad "debería ser". En este sentido, el modo de organizar los grupos de clase —aunque no se piense a menudo en ello— es un acto eminentemente político. Los criterios que se siguen deberían ser objeto de debate público, como todos los actos políticos. Sin embargo, las clases se organizan a menudo siguiendo dictados que nada tienen que ver con motivos pedagógicos, sino de carácter social, como la proximidad al lugar de residencia de las familias. Ciertamente, así se facilitan las relaciones fuera de la escuela, pero a la vez cristalizan las desigualdades (o las semejanzas); aunque más frecuentemente, y esto

116

es aún peor, depende de la presión de los padres, sobre todo, de las madres, que quieren garantizar las mejores condiciones a sus hijos: hijos de familias que se relacionan por ser del mismo estatus; profesores que gozan de buena reputación por su rigor o, por el contrario, por su condescendencia. Sin una postura clara por parte de los responsables de la organización escolar, está claro que estas presiones son difíciles de resistir, tanto en las escuelas públicas como más aún en las privadas. Esto explica que haya problemas provocados por frecuentes "cambios de clase" y "cambios de escuela", casi siempre desde la escuela pública a alguna escuela privada con fama de transigente. Si una familia acomodada, que espera grandes éxitos de sus hijos, considera que el sistema escolar nacional en su conjunto no está a la altura de sus expectativas, recurre a escuelas extranjeras en Italia, francesas hace años e inglesas en la actualidad; y luego los envía a universidades extranjeras que gozan de una gran reputación, a menudo proporcional a la inversión que se requiere para acceder a ellas.

Se comprende que los padres y las madres quieran lo mejor para sus hijos, pero la pregunta es: ¿qué es exactamente "lo mejor"? ¿El egoísmo o la solidaridad; la competitividad o crecer juntos; el estrés del arribista o la constancia y serenidad del que se construye a sí mismo; la clonación o lo inesperado; el aburrimiento o la sorpresa? ¿Qué es lo mejor, para la clase y para la sociedad de la que es un espejo?

Pedagogías

Se ha dicho que la clase es un lugar de vibraciones y resonancias. Pero en la escuela libre, que no busca la uniformidad, sino que respeta y valora las diferencias, cada alumno es, por principio, un mundo propio. Ninguna vibración o resonancia es igual a otra. Los pedagogos de los tres últimos siglos han clasificado, distinguido y definido no tanto a los profesores sino a los alumnos; han construido esquemas en los que encajar sus capacidades y sus dificultades de aprendizaje; han definido las etapas y fases del desarrollo de la personalidad y las han identificado y secuenciado en auténticas hojas de ruta; han elaborado los "modelos" pedagógicos en función de los caracteres predefinidos de los discípulos que los propios "pedagogos" han estudiado. Desde la noche de los tiempos

118

se habla de la educación de los jóvenes, de la educación de los reyes y príncipes. En la época moderna, Jean Jacques Rousseau comenzó con su *Émile* (1762) a dividir el tiempo de aprendizaje en cinco etapas, con sus correspondientes pautas y objetivos. La idea de hacer de la enseñanza una actividad con procedimientos definidos, con sus correspondientes protocolos orientados a objetivos didácticos prestablecidos en función de los resultados, es decir, de los "productos" didácticos deseados, ha hecho escuela. El "buen producto" de la "buena escuela" puede entenderse de muchas maneras: el disciplinado o el creativo, el reprimido o el liberado, el activo o el pasivo, el especulativo o el práctico, el egoísta o el altruista, el déspota o el sumiso y sometido, el oportunista o el solidario, etcétera. A cada uno de estos objetivos corresponden otros tantos métodos.

En general, no son opciones conscientes de los profesores. Ellos actúan según el sentido común, el suyo propio; o según escuelas y hábitos que han asimilado y de los que probablemente no sean conscientes. Hagamos memoria solo de algunos nombres: Johann H. Pestalozzi, Antonio Rosmini y su discípulo Alessandro

Pestalozza, María Montessori, Jean Piaget, John Dewey, Rudolf Steiner, Janusz Korczak, maestro del gueto de Varsovia, Jerome Bruner, Alexander Romanovich Luria, Lev Semyonovich Vygotski, Francesco de Bartolomeis, Mario Lodi, Fiorenzo Alfieri. En sus escritos se entremezclan la filosofía, la antropología, la psicología, la psiquiatría, la sociología, la religión y la política, suscitando problemas y reflexionando sobre cuestiones esenciales de la relación entre los poderes constituidos (familia, escuela, Estado) y las jóvenes generaciones. Estas reflexiones han sido y siguen siendo importantes: basta pensar en el camino que se ha recorrido en un siglo, partiendo de la escuela como coacción, del profesor como vigilante y, a veces, acosador. Pero también han producido resultados muy cuestionables cuando, en lugar de limitarse a ser herramientas útiles nacidas de la experiencia, se imponen sin más, como dogmas desconectados de la realidad, para alcanzar unos fines ya programados; son teorías que se ponen en práctica con unos alumnos cuya naturaleza solo se conoce de modo programado y abstracto. Una visión de la realidad alejada de la realidad misma conduce al aislamiento, al ilusionismo, a la ineficacia; cualquier teoría, por bella, armoniosa y bien estructurada que esté, debe poderse evaluar y verificar *in vivo* para no ser algo vacío e inútil, y para eso sería necesario precisamente lo que falta: la percepción de la realidad cambiante del mundo al que se quiere aplicar.

Por mucho que se quiera prever, planificar y dirigir las actividades durante el tiempo de clase, quienes tienen experiencia y entusiasmo, es decir, quienes no se conforman con ser simples burócratas, saben que siempre es posible —es deseable de hecho— que haya una fractura entre lo que se establece en abstracto y en general y lo que realmente sucede en el contacto entre los alumnos y sus profesores. Y es precisamente ahí donde está el milagro de la escuela, un milagro que solo se produce si hay un contacto personal, físico, que no es sustituible por ninguna relación mediada por la tecnología. La experiencia, no la teoría, es lo que verdaderamente importa. La teoría, por supuesto, también tiene valor, pero solo como una reflexión que, en cualquier caso, nace de la experiencia y cuya finalidad no se puede reducir a elaborar otras teorías.

La grotesca prosa de la burocracia escolar habla de "saber": "saber hacer", "saber ser", incluso "saber ser y llegar a ser". A veces —y lo que se acaba de decir es solo un ejemplo— la burocracia se supera a sí misma, sobrepasando los límites de lo ridículo. Sin embargo, lo más probable es que los profesores que son conscientes de la dignidad de su trabajo prescindan tranquilamente de ella, mientras que los conformistas, alejados de la creatividad que debe reinar en la escuela, se adherirán sin ningún pudor a este lenguaje y a las prácticas burocráticas que de él se derivan. Las clases "se dan" o "se imparten" por profesores y "se reciben" o "se siguen" por alumnos en la transparencia sencilla y vital de las relaciones reales y concretas, y no se han de plegar *a priori* a doctrinas, teorías, ideologías y objetivos concebidos en los despachos.

¿Espontaneidad o pereza? Veamos un ejemplo que se nos ofrece en el recuerdo de un maestro que dedicó gran parte de su vida profesional a la escuela, sin perder nunca el ánimo: Fiorenzo Alfieri. «Los niños salían habitualmente solos al patio durante el recreo; yo estaba muy ocupado preparando las próximas actividades y era absurdo que perdiera el tiempo vigilando el comportamiento de mis alumnos durante sus juegos. Por otra parte, no era necesario, ya que nuestro trabajo se fundamentaba en la autonomía y sentido de la responsabilidad. Esto se discutía a fondo desde el primer día de clase y enseguida se convertía en el eje del "contrato pedagógico" entre el profesor y sus alumnos. Un día, al final del recreo, me acerqué y Corrado me preguntó: "¿Qué vamos a hacer ahora?". Le contesté: "Divisiones". Corrado se volvió hacia sus compañeros y gritó: "¡¡¡Chicos, divisiones!!!", y todos se apresuraron a regresar con la misma alegría que si la respuesta hubiera sido: "Teatro" o "Un episodio nuevo de la novela que estamos leyendo". De hecho, debo decir que la alegría ante la expectativa de hacer divisiones me parecía aún mayor que las otras, porque en ella se ponía de manifiesto el acuerdo tácito de que "nosotros" éramos capaces de interesarnos también por actividades que en general son mortalmente aburridas».

Rara vez —reconozcámoslo— nos preguntamos o nos preguntan cómo debe ser la clase que vamos a "impartir": ya hemos ganado una oposición y hemos "obtenido una cátedra"; estamos o hemos estado "matriculados" en una carrera, pero ¿son suficientes estos pasos burocráticos para adquirir conciencia de "estar dando una clase"? ¿Acaso es la clase un "servicio público", una especie de oficina de correos, una estación de ferrocarril a la que vamos para nos trasladen de un lugar a otro?

6.
EXÁMENES Y CALIFICACIONES

Si hemos imaginado las clases como un viaje que hacemos juntos, podríamos pensar que cuando acaban hay una celebración en espíritu de amistad, hay felicitaciones mutuas por el éxito de una empresa en la que se ha gastado mucha energía para superar las dificultades. Pero nada de esto sucede: alumnos y profesores aún esperan los exámenes y las notas finales, y eso no tiene que ver en absoluto con una fiesta.

El éxito de la clase, en la escuela concebida como transmisión y asimilación de conceptos, de formas de pensar y modelos de vida, se certifica verificando el "producto" y pegando las correspondientes etiquetas de homologación:

homologación que a menudo se manifiesta en maneras de actuar, de hablar, de pensar; en aspiraciones y estilos de vida que se ajustan a los que se consideran "correctos" en el entorno escolar. En definitiva: las clases que se imparten como pura y simple transmisión y asimilación buscan producir replicantes. Puede que también nosotros, que rechazaríamos esta idea con horror, en nuestros años de docencia hayamos trabajado así; que nos hayamos cansado y acostumbrado a la comodidad de las clases repetitivas, siempre impartidas de la misma forma. También puede ser cierto que, por amor y admiración a nuestros maestros, consciente o inconscientemente nos hayamos limitado en ocasiones a desempeñar el papel de repetidores, renunciando al viaje con esos alumnos concretos que nos han sido confiados.

Al fin y al cabo, estamos todos tan acostumbrados a ver la escuela como una máquina burocrática que tritura asignaturas, programas, horarios y, en fin, estudiantes, que consideramos natural que el resultado sea certificado por el examen y que el examen se "cuantifique" mediante una nota.

En efecto, el examen, al menos tal como está concebido, es una ficción absurda y degradante.

Si se tiene esa concepción "material" de la enseñanza, el examen debe determinar cuánta materia ha pasado desde el profesor o el libro de texto a la cabeza del alumno. La nota es el resultado de la "ponderación" de esa materia transferida. Si solo se tratara de eso, tendríamos que premiar a los que lo saben todo de memoria, aunque quizás no hayan entendido nada. Con esta lógica, por otra parte, ¿cómo podríamos decir honestamente que los pocos minutos que dedicamos al examinando sean suficientes para medir esa cantidad? El examen sería un muestreo y, como tal, una jugada arriesgada. La nota podría ser exclusivamente fruto de la buena o mala suerte. Pero es que la distorsión es aún más grave, porque induce al alumno a saturar su memoria con los detalles más insignificantes con tal de obtener una buena nota. ¿Acaso se estudia por la nota? ¿Es ese el objetivo?

Después de muchos años de docencia y miles de exámenes —permítaseme esta confesión personal— he llegado a la convicción de que sería conveniente suprimirlos, al menos en la forma en que actualmente se realizan. Me refiero sobre todo al examen-tipo habitual en la enseñanza universitaria, humillante en sí mismo tanto para el alumno como para el profesor, quien a menudo lo deja en manos de profesores jóvenes, que no han asistido a las clases; el examen queda así reducido al conocimiento de un libro de texto y se pierde todo lo que de vivo y creativo hay en la mente de un estudiante que, por su edad y aspiraciones, ya no es un escolar. Los exámenes, tal como se suelen realizar, sirven para comprobar —siguiendo con las imágenes utilizadas— el volumen que contiene el recipiente al que queda reducido el alumno en el momento final de su curso de estudios. Nos lo podemos imaginar: el examinando, sentado muy nervioso, y el examinador, al otro lado de la mesa, intentando "extraer" lo que tiene en su cabeza o, mejor dicho, lo que tenía hasta la noche anterior, porque la ha pasado en vela y ahora todo lo tiene borroso y confundido. Peor es cuando se trata de un examen escrito: el examinando se angustia; está alterado y se agobia al ver el poco tiempo que le queda para responder verdadero o falso poniendo una cruz en un cuadradito; si ha estudiado, acierta; pero también puede probar suerte y dejarlo al azar, y no necesariamente suspende. Pensemos en las cada vez más frecuentes preguntas de respuesta doble o múltiple, a veces formuladas de modo impreciso o incluso deliberadamente capcioso. Si se hubiera intentado imaginar una manera más eficaz de anular por completo los beneficios de las clases y humillar la ética del aprendizaje, no se hubiera podido hacer mejor. Este tipo de exámenes, si son considerados como la conclusión de un proceso, obligan a cuestionarse la validez del trabajo realizado en clase.

En el momento del examen, pues, se separan los caminos del profesor y del alumno, contradiciendo de modo absoluto la relación de confianza que la clase —volviendo al *lògos* y al *aulòs* mencionados al principio— pretendía establecer. Es como decir: todo este tiempo hemos caminado juntos, pero se trataba de una ficción; este sí que es el momento de la verdad. ¿Estamos seguros de que "preguntar" no es más bien someter a un "interrogatorio"? Quizás suceda que el examinando, al margen de las intenciones del profesor, lo perciba así. Habría que impedir, sobre todo en la escuela, ese poco o mucho de sadismo del que nadie sale totalmente indemne. De otro modo, ¿no ocurrirá que el examen, en lugar de distinguir a los que saben de los que no, acabe castigando a quienes no tienen buenos nervios o han descansado mal la noche anterior; o que el descarado insolente tenga ventaja sobre el que llega abrumado por el peso de muchos problemas? ¿No debería ser al revés?

COMPROBACIONES Y NOTAS

No obstante, las preguntas y los exámenes no pueden suprimirse *tout court*. Como en cualquier ascensión, las verificaciones, controles y obstáculos que se han de superar son necesarios para el progreso del conocimiento. Tanto más cuanto que las escuelas deben expedir "títulos" académicos, certificaciones y habilitaciones con "validez legal", es decir, objetiva. Si se suprimiera el valor jurídico de los títulos, se podría prescindir de los exámenes y que se emitieran simples certificados de asistencia a cursos y a clases. Entonces, como suele decirse, la selección y los escalafones, incluso en el ámbito de los conocimientos, los haría *la vida*, con toda la imprevisibilidad e injusticia que esta palabrita contiene. Pero, sean las que fueren las ideas e intenciones al respecto, es un hecho que hoy por hoy uno no se somete sin más a lo que —por azar, por mérito, porque se deben favores o por privilegios— los veredictos de la vida aprueban o condenan.

De modo que los exámenes son necesarios. Pero ¿qué es lo que se debe comprobar? Una cosa es la capacidad de manejar las herramientas necesarias para poder profundizar en la "materia"; sin ellas, la chispa de la inteligencia no encontraría las condiciones para prender; estas herramientas son el lenguaje apropiado y las categorías básicas que permiten responder a la pregunta "¿qué se entiende por...?? Y otra cosa es lo que se haya conseguido desarrollar a lo largo del proceso de aprendizaje, y eso ya depende de la buena o mala suerte, del talento e incluso de la genialidad del alumno que se examina. El manejo de las herramientas es un hecho objetivo: es fruto del estudio y sus resultados se pueden evaluar. En cambio, la curiosidad y los procesos intelectuales que se hayan puesto en marcha son otra cosa; no hay por qué tocarlos ya que caen bajo la responsabilidad del estudiante, que debe empeñarse en la construcción de su propia personalidad. Cuando las circunstancias de tiempo y lugar permiten unas sesiones de examen distendidas, no condicionadas por el agobio de tener que poner una nota, por la falta de tiempo o el aburrimiento; cuando el examen se transforma con naturalidad en un coloquio, casi en una continuación de la clase, sí que podría aflorar la originalidad del alumno, más allá del mero conocimiento. Esto se debe tener en cuenta y respetar, pero no ha de influir en la evaluación a efectos de la "nota". El profesor podrá felicitarse y decir: mis clases han servido para poner algo en marcha, han sido "fermentativas", por mantener una expresión ya utilizada. Pero nada más. Un examen que fuera más allá iría, como dicen los juristas, *ultra petita*.

Esto significa que el objetivo de la clase, en sentido propio, no es examinar. Su objetivo está más allá. Y significa que el examen debe consistir en tareas simples y mantenerse dentro de los límites de los conocimientos básicos, objetivos, por así decir. No porque lo que esté más allá no sea importante: al contrario, es incluso más importante, pero no tiene nada que ver con el examen, está en otro lugar; y el examinador no busca genios, sino que se propone un objetivo mucho más modesto, respecto al cual los alumnos puedan estar en igualdad de condiciones. La nota, en definitiva, es posible porque tiene algún valor objetivo. Pero en las condiciones ideales de una escuela, en la que fuera posible recorrer juntos durante las clases el camino del saber, empleando las herramientas necesarias y diseñando sus propios métodos, el examen sería superfluo. Significa, en conclusión, que el examen, del que no se puede prescindir en las condiciones actuales y al que necesariamente han de someterse los estudiantes, pone de manifiesto que la escuela y las enseñanzas que imparte no cumplen en sí mismas su finalidad.

Afirmar que los exámenes son superfluos y se deben suprimir es decir una herejía; pero si esto ocurriera sería también una honra para la escuela, sus profesores y sus alumnos. Herejía o utopía. Tenemos la escuela que tenemos, no la escuela que desearíamos tener.

7.
TIEMPOS PASADOS Y TIEMPOS PRESENTES

¿Masificación?

La escuela que tenemos y la que nos gustaría tener: hay un abismo entre ellas. Cualquiera que haya llegado a este punto (y yo con él) pensaría: ¿pero de qué estamos hablando? Una escuela así no existe hoy, quizás no haya existido nunca; en cualquier caso, actualmente no puede existir porque se ha "masificado".

Pero intentemos encontrar la palabra adecuada. Porque es muy diferente decir "escuela masificada" o decir "escuela para todos". El vocablo "masa" tiene una fuerte connotación negativa —un número indeterminado, anónimo, de individuos que se aglomeran como si se tratara de un rebaño—, y quienes lo emplean quizás están manifestando una idea preconcebida: qué hermosa era antes la escuela, una escuela para pocos, una escuela para privilegiados. Pero en la expresión "escuela para todos" no hay nada negativo; al contrario, tenemos muchos motivos para alegrarnos al recordar lo que existía y se aceptaba como algo fatal e inevitable: un mar de analfabetismo, unos pocos predestinados a la cultura y al éxito y muchos relegados a trabajos humildes, fatigosos y no cualificados.

Pero aun sabiéndolo, y alegrándonos de que sea así, comprendemos que nos queda mucho por hacer. Mucho por hacer, porque conocemos muy bien los obstáculos —atestiguados por numerosas experiencias y denunciados en una extensísima literatura— que aún hay que superar. Mucho por hacer para combatir el descenso del nivel cultural, que parece ser unos de los objetivos de la burocracia del ministerio competente cuando esgrimen a diestro y siniestro "directrices", "orientaciones" y "programas", tan repulsivos como fáciles de asimilar perezosamente: primero en los libros de texto y luego en las clases que los desarrollan. Queda mucho por hacer para asimilar las "reformas" que sistemáticamente —casi siempre que cambia el ministro— atormentan a la escuela con una avalancha de obligaciones y requisitos que le impiden vivir en paz, con autonomía y fecundidad. Queda mucho por hacer para motivar a los profesores desalentados, decaídos, perezosos, indiferentes o incluso hostiles hacia sus alumnos; para apoyar y recompensar su prestigio y su función social; para incluirlos en programas de formación continua; para defenderlos, cuando sea necesario, de las exigencias y presiones que provienen de familias desconsideradas. Queda mucho por hacer para que los niños dispongan de unos ambientes acogedores y bien organizados pedagógicamente, en los que se sientan a gusto; para motivarlos al estudio y no distraerlos con disparates pseudo pedagógicos y "enseñanzas" diversas que se ponen de moda; para promover la "misma dignidad social" (como exige la Constitución) que poseen los alumnos, sea cual sea el tipo de estudios que hayan elegido (profesionales, técnicos, científicos, clásicos), etc., etc.

Solo una hora

Estas son las reivindicaciones; justificarlas no es el objetivo de estas páginas. Su objetivo no es señalar los agravios que se padecen, sino mostrar las esperanzas y el compromiso de quienes, de alguna manera, viven en la escuela. Las quejas no son una coartada. Como siempre que hay dificultades, hay oportunidades para superarlas. Es difícil, pero la experiencia, también en esto, demuestra que no es en absoluto imposible.

Cuando así ocurre, aunque solo sea en un curso escolar feliz, un único curso, con un profesor que ama su profesión y a sus alumnos, en una única hora de clase, se nos concede un regalo que dura para siempre. Solo una hora, esa hora de amor que la escuela te ha dado y que tú has recibido puede guardarse en la memoria y servir para el resto de tu vida.

NOTA

Este libro es un "discurso" a todos los efectos, como se afirma en el subtítulo. Su núcleo original procede del que se tituló «Una clase sobre la clase» [«Lezione sulla lezione»], que pronuncié en Turín el 7 de octubre de 2021, con motivo de la Bienal de la Democracia. Los temas que entonces expuse de viva voz son los mismos que he ampliado y estructurado aquí, por escrito; pero la modulación oral —el tono del discurso, para ser precisos— se ha mantenido deliberada y constantemente como telón de fondo.

En el primer capítulo, las obras citadas de BERNARD BRUNETEAU y PIER PAOLO PORTINARO son respectivamente *Il secolo dei genocidi* (2004) [trad. española de Florencia Peyrou Tubert y Hugo García Fernández, *El siglo de los*

*genocidios. Violencias, masacres y procesos geno-
cidas desde Armenia a Ruanda,* Alianza Edito-
rial, Madrid 2023] y *L'imperativo di uccidere,*
Laterza, Roma-Bari 2017. La cita de CARLO
GINZBURG procede de *La lettera uccide,* Adel-
phi, Milán 2021, mientras que la de MON-
TESQUIEU está tomada de *El espíritu de las leyes*
(XI, III) [trad. española de Siro García Del Mazo,
Madrid 1909, p. 225]. De JOSEPH DE MAISTRE,
baste mencionar *Essai sur le principe générateur
des constitutions politiques et des autres institu-
tions humaines* (1814) en ID., *Œuvres,* editadas
por Pierre Glaudes, Robert Laffont, París 2007.
El relato del cronista Salimbene de Adam fue
retomado por CHIARA FRUGONI en *Vivere nel
Medioevo. Donne, uomini e soprattutto bambini,*
Il Mulino, Bolonia 2017. Los pasajes de PIE-
RO CALAMANDREI proceden de *Difendiamo la
scuola democratica* (1950) y *Contro il privilegio
dell'istruzione* (1946), en ID., *Per la scuola,* Se-
llerio, Palermo 2008.

En el segundo capítulo, la cita del *Simposio* platónico, se ha tomado de PLATÓN, *Obras*
III, trad. española de M. Martínez Hernán-
dez, Gredos, Madrid 1988, p. 193. Las de
MANN, DOSTOIEVSKI y NIETZSCHE proceden

respectivamente de *Tonio Kröger*, *Memoria del subsuelo* (de esta obra procede también la imagen de las "púas" de la p. 79) y *La filosofía en la época trágica de los griegos*.

En el tercer capítulo, el testimonio sobre Florenski procede de AVRIL PYMAN, *Pavel Florensky*, Lindau, Turín 2010. [Los textos citados están tomados de PÁVEL FLORENSKI, *El arte de educar*, trad. de José R. Pérez Arangüena, Ediciones de la Fundación Altair, Sevilla 2018; pertenecen a la introducción al curso de Historia de la Filosofía que impartió Florenski a lo largo de 1910 en la Academia Teológica de Moscú y publicado en 1917]. Para la referencia a GEORGES DUMÉZIL y las "tres funciones", véase su *Mito y epopeya. I. La ideología de las tres funciones en las epopeyas de los pueblos indoeuropeos* [trad. de Eugenio Trías, Fondo de Cultura Económica, México 2016]. El relato *Funes el memorioso*, de JORGE LUIS BORGES, fue publicado por primera vez en diario argentino "La Nación" en 1942. Posteriormente se incluyó en el libro *Ficciones* en 1944. De EDGAR MORIN, véase por ejemplo *El método, 6: Ética* [trad. española de Ana Sánchez Torres, Cátedra, Madrid 2017]. Sobre la "taylorización de la conciencia", véase STEFANO LEVI DELLA TORRE,

L'eredità di Primo Levi, en Ernesto Ferrero (ed.), *Primo Levi: un'antologia della critica*, Einaudi, Turín 1997. La primera cita de PRIMO LEVI es de *Aniversario* [1955], ahora en *Así fue Auschwitz. Testimonios 1945-1986* [trad. española de Carlos Gumpert Melgosa, Península, Barcelona 2015], mientras que la segunda procede de *Covare il cobra* [en *Cuentos completos*, trad. de Mercè Ubach, Península, Barcelona 2020]. Las consideraciones de CESARE CASES pueden leerse en ID., *Patrie lettere*, Einaudi, Turín 1997.

En el capítulo cuarto, para la mención de MICHEL FOUCAULT véase ID., *Microfísica del poder* [trad. española de Horacio Pons, Clave intelectual, Madrid 2022]. Sobre las visiones opuestas de Condorcet y Talleyrand respecto a la educación pública, me remito a GUSTAVO ZAGREBELSKY, *Mai più senza maestri*, Il Mulino, Bolonia 2019. Para el texto completo del "documento guía" ministerial sobre Ciudadanía y Constitución, véase por ejemplo https://www.edscuola.eu/wordpress/?wpfb_dl=366. Las palabras de NORBERTO BOBBIO proceden de *Libertà e potere*, en *Politica e cultura*, Einaudi, Turín 1954. Sobre el "eros" en el contexto de la clase, véase MASSIMO RECALCATI, *L'ora di lezione*.

Per un'erotica dell'insegnamento, Einaudi, Turín 2014. La definición de GERSHOM SCHOLEM procede de *Id.*, *La cábala y su simbolismo* [trad. española en Siglo XXI, Madrid 2015], mientras que, para una referencia a la controversia como fundamento del pensamiento problemático judío, véase JOSEPH BALI, VICKY FRANZINETTI, STEFANO LEVI DELLA TORRE, *Il forno di Akhnai. Una discussione talmudica sulla catastrofe*, Giuntina, Florencia 2010.

En el capítulo cinco, la metáfora de GÓGOL está tomada del *Diario de un loco*, en ID. *Cuentos de Petersburgo* [trad. española de Alfredo Hermosillo López, Cátedra 2017], mientras que el pasaje de Dostoievski sobre la música está contenido en una carta a Iván S. Turgueniev fechada el 23 de diciembre de 1863, en FIODOR DOSTOIEVSKI, *Cartas*, editado por Alice Farina, Il Saggiatore, Milán 2020. Sobre el profesor como "seductor", véase, por ejemplo, EDOARDO SANGUINETI, *Insegnare letteratura*, editado por Cesare Acutis, Pratiche, Parma 1979. Las palabras de Fiorenzo Alfieri están tomadas de FIORENZO ALFIERI, LEONARDO MENON, *Strade parallele (La scuola, la vita)*, Dino Audino, Roma 2013.

ESTE LIBRO, PUBLICADO POR
EDICIONES RIALP, S.A.,
MANUEL URIBE 13-15, 28033 MADRID,
SE TERMINÓ DE IMPRIMIR EN
ANZOS, S. L., FUENLABRADA (MADRID),
EL DÍA 26 DE JUNIO DE 2024.